KB137907

총선
백서

총선백서

한동훈은
보수의 미래인가?

박상수
지음

맑은샘

한동훈 죽이기는 보수를 살릴 수 있을까?

목련꽃이 지면서 제22대 총선이 끝났다. 국민의힘은 다시 한번 크게 패배하였다. 2016년 이후 총선 3연패, 수도권만으로 따지면 4연패이다. 문재인 정부의 검찰총장으로서 조국 수사에 앞장섰던 윤석열 대통령을 영입해 승리했던 대통령 선거와 그 영향이 남아 있던 지방선거라는 예외적 사건들을 제외하고, 보수가 전국 선거에서 승리한 사례를 찾으려면 10년은 넘는 시간을 거슬러 올라가야 한다. 보수 정치의 위기라는 말은 이제 너무 자주 들어 식상하기까지 하다. 그 사이 개혁보수, 새보수 등의 온갖 수사들이 등장하였다. 하지만 보수는 새로워지지도 못했고 개혁되지도 못했다. 패배가 누적되면서 계파 간의 갈등과 대립만 격렬해졌고, 연판장과 내부총질 금지란 이름으로 당내의 민주적 분위기를 질식시키려는 시도가 이어졌다.

한동훈이 비상대책위원장으로 취임하기 전까지 이러한 보수 정파의 내홍은 점점 더 심해지고 있었다. 이준석은 탈당 시한을 못박으며 윤석열 정부에 대한 강도 높은 비난을 이어갔다. 인요한 혁신위원장이 소방수로 긴급 투입됐지만, 김기현 대표와 갈등을 겪자 혁신위를 조기에 종료할 수밖에 없었다. 그 와중에 이준석이 우리나라에 귀화한 지 오래된 인요한에게 영어로 빈정거리는 사태까지 있었다. 이재명이 이끄는 민주당이 법치주의를 농락하고 자유민주주의를 위기에 빠뜨리고 있었지만 그것이 국민의힘에 대한 지지로 이어지기 어려운 상황이었다.

결정적으로 서울에서 단 6석만 승리할 수 있다는 내부 보고서가 나오며, 한동훈 법무부장관이 새로이 국민의힘의 비상대책위원장으로 취임한다. 그리고 지난 10년간 보수진영에서 찾아보기 힘들었던 열기와 에너지가 생겨나기 시작했다. 한동훈은 여의도 문법으로 말하는 것을 거부하였고, 여의도 문법에 익숙하지 않은 사람들을 비대위원으로 임명하였다. 일련의 정치적 특권 내려놓기 공약으로 정치와 국민의 간격을 줄였으며, 정치인의 용기와 희생을 강조했다. 탈(脫)정치의 인물과 화법으로 정치적 열망을 끌어모으는 새로운 스타일은 거대 양당이 주도하는 고리타분한 기성정치에 실망한 국민에게 신선함을 주기 충분했다.

우리가 모두 다 아는 '3월의 사태'들이 있기 전까지 국민의힘의 총선 승리를 의심하는 사람은 드물었다. 그러나 이종섭 사태와 대파 가격 논란, 지속된 의정 갈등과 민주당의 25만 원 공약이 이어지며, 총선 전망은 빠른 속도로 나빠져 갔다. 국회의 세종시 이전 같은 공약을 발표하며 마지막까지 정책선거 기조를 유지하려고 노력했지만 하락 추세를 되돌릴 수는 없었다. 결국 '이조(이재명·조국) 심판론'으로 전통적 지지층을 결집시켜야 했고 덕분에 개헌 저지선만큼은 지킬 수 있었다.

어쨌든 결과는 또다시 패배였다. 보수 정파의 기성 정치인들과 유명 유튜버들은 한동훈을 패배의 책임자로 지목하고, 한동훈 죽이기에 골몰했다. 홍준표 대구시장은 "한동훈이 들어와 대권 놀이를 하면서 (자신을) 정치 아이돌로 착각하고 셀카만 찍다가 말아 먹었다"는 류의 글을 연일 본인의 SNS에 올렸다. 이준석 개혁신당 대표는 "한동훈은 필설에 약하다"라는 등의 발언을 이어가고 있으며, 조정훈 국민의힘 총선백서 TF 위원장은 "한 전 위원장과 대통령실에 책임이 있다고 목에 칼이 들어와도 얘기할 수 있다"고 말하며 한동훈에 대한 비난 행렬에 가세했다.

재미있는 것은 보수의 유력한 대권·당권 주자들의 이러한 발언과 비난에도 불구하고 한동훈의 대중적 인기는 식지 않고 있다는 사실이다. 단순히 자택 근처 길거리를 걷고 도서관을 다니는 모습이 찍혀 인터넷 공간에 생중계됐다. 한동훈이 도서관에서 읽던 책은 순식간에 베스트셀러 순위에 오르며, 한동훈이 입던 옷을 구매하는 방법을 묻는 글도 줄지어 올라온다. 보수의 당권·대권 주자들의 비난이 이어지고 있음에도 한동훈을 대선 후보로 지지하는 비율은 오히려 상승하는 추세다.

유력 보수 정치인들의 의도적인 한동훈 죽이기와 지지자들의 자발적인 한동훈 신드롬이 대립하는 가운데, 한동훈 개인을 총선 패배의 원흉으로 몰아넣어 사장시키는 것이 보수의 재집권과 발전에 도움이 되는 일일까?

이 책에서는 이 단순한 의문에 관한 해답을 찾으며 장기침체와 상시적 위기를 맞이한 보수 부활의 방법을 알아보고자 한다. 나는 2024년 1월 영입인재로 입당한 정치 신인으로서 수도권 험지에서 출마하여 3개월여간 선거운동을 한 뒤 낙선의 고배를 마셨다. 그 기간 동안 국민의힘이 겪었던 가파른 도약과 날개 없는 추락을 강렬하게 체감하였다. 이 경험의 기억이 소멸되기 전에 기록을 남겨놓고자 하는 목적도 있다.

2024 총선은 대한민국이 자유민주주의 국가로 존속할 수 있는지 여부를 결정짓는 중요한 분기점이었다. 다행히도 막판 전통적 지지층 총결집으로 개헌저지선을 지켜냈지만, 고작 8석의 불안한 우위에 불과하다. 국민의힘이 제대로 혁신하여 이기는 정당이 되

지 못한다면 우리는 2027년 대선과 2028년 총선을 거치며 이재명이 주도하는 제7공화국을 기어코 마주하게 될지 모른다. 그리고 그렇게 만나게 될 제7공화국은 더 이상 우리가 알고 있는 자유민주주의 대한민국이 아닐 가능성이 높다. 민주당이 상식적인 모습으로 돌아오는 것을 희망해 볼 수도 있다. 하지만 그보다는 국민의힘이 주체적으로 정권을 재창출하고 다음 총선에서 승리하기 위해 노력하는 것이 보다 바람직할 것이다.

모쪼록 본서가 2027년 보수 재집권과 2028년 국민의힘 총선 승리의 밀알이 될 수 있기를 진심으로 소망해 본다.

차례

제3장   **봄꽃처럼 사라져간 보수의 꿈**

제4장   **민주당, 조국혁신당, 진보당 190여 석이 만들 세상**

제5장 **동료 시민의 귀환을 위하여**

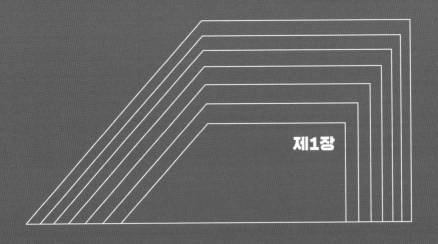

제1장

어느 날
갑자기 나타난
동료 시민

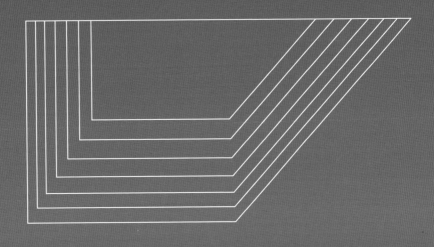

국민의힘 '서울 6석'의 공포와 한동훈의 등판

2023년 12월 8일 국민의힘 사무처 조직국이 "국민의힘은 서울에서 단 6석만 승리할 수 있다"는 보고서를 내놓으면서 당은 충격과 공포에 휩싸인다. 인요한 혁신위의 좌초와 친윤 인사로 분류되는 이철규 인재영입위원장을 중심으로 한 인재영입위 출범 이후 나온 결과이다 보니 절망의 깊이는 더욱 깊었다.

국민의힘 사무처가 보고서를 내놓기 20여 일 전 이준석 전 국민의힘 대표는 한 라디오 방송에 출연해 "만약에 내일 제가 어떤 일을 해서 그런 (비대위원장) 역할을 맡게 된다면, 전권을 맡게 된다면 저는 110석, 120석 할 자신 있다"라고 말할 때만 해도 110석이 선방이라고 말할 수 있을 정도로 최악은 아니라는 판단이 있었다. 하지만 현실은 예상보다 훨씬 심각했다.

보고서 발표 후 국민의힘 지지자들은 당시 지도부였던 김기현 지도부에 새로운 대안과 비전을 요구하였다. 그러나 문제의 보고서가 세상에 알려지기 며칠 전 인요한 혁신위를 보고도 받지 않고 해산시킨 김기현 지도부가 내놓을 수 있는 새로운 대책은 존재하지 않았다. 결국 '서울 6석 보고서'가 세상에 알려진 뒤 단 5일 만인 2023년 12월 13일 김기현 대표는 당대표에서 사퇴했고, 윤재옥 원내대표의 권한대행 체제가 출범했다.

그 무렵인 2023년 11월 말, 나는 박은식 인재영입위원을 자택 앞에서 만나, 처음으로 영입 제의를 받았다. 그리고 '서울 6석 보고서'가 세상에 알려질 즈음 영입 제의에 대한 승낙 의사를 전달하였다. 그러나 공당의 인재영입이 인재영입위원 중 한 명의 영입제의와 영입 당사자의 승낙만으로 결정되는 것은 아니다. 인재영입위원회의 의결과 발표가 있어야 했다. 그런데 당대표 공석 사태가 발생하며, 국민의힘의 신규 인재영입 등 선거 사무가 완전히 중단되었다.

인재영입에 대한 승낙을 한 뒤 정당 지도부가 해산되는 사태를 맞이한 나는 새로 구성되는 지도부의 결정에 따라 처지가 달라질 수 있기에 한동안 공중에 붕 뜬 상태였다. 나의 당황스러움만큼이나 국민의힘 내부 혼란도 극에 달했다. 인요한 혁신위와도 갈등을 빚었던 이준석 전 당대표는 탈당 시한까지 정해 놓고 당의 미래에 대해 거침없는 쓴소리를 쏟아내고 있었다. 당을 구원해 줄 구원투수가 절실한 상황이었다.

　마침내 2023년 12월 21일 한동훈 법무부장관은 장관직을 내려놓고, 국민의힘 비상대책위원장직에 취임한다. 한동훈 법무부장관을 비상대책위원장으로 임명하는 회의에 참여했던 당내 인사 중 한 명은 내게 "우리는 이제 아무도 가보지 않은 길을 가보기로 했다"고 넌지시 말했다. 이대로 두면 나라가 완전히 망가질 것이라는 걱정에, 절망적인 상황이어도 선거에 출마할 결심한 나한테는 놀랍고도 설레는 시간이었다. 아마도 제22대 총선에서 진정한 보수의 혁신을 꿈꾸던 정치 신인들도 대체로 비슷한 생각이었을 것이다.

동료 시민 그리고 케네디와 처칠의 연설문

국민의힘 비상대책위원장으로서, 처음 인사드립니다. 반갑습니다. 한동훈입니다. 오늘은 첫날이니, 저를 이 자리에 불러내 주신 국민의힘 동료 여러분들께 제가 어떤 생각으로 비상대책위원장의 일을 할지 말씀드리죠.

어릴 때, 곤란하고 싫었던 게 "나중에 뭐가 되고 싶으냐, 장래 희망이 뭐냐"라는 학기 초마다 반복되던 질문이었습니다. 저는, 정말, 뭐가 되고 싶은 게 없었거든요. 대신, 하고 싶은 게 참 많았습니다. 좋은 나라 만드는 데, 동료 시민들의 삶을 좋게 만드는 데 도움이 되는 삶을 살고 싶었습니다. 지금까지 그 마음으로 살았고, 그리고 지금은 더욱 그 마음입니다.

중대범죄가 법에 따라 처벌받는 걸 막는 게 지상 목표인 다수당이, 더욱 폭주하면서 이 나라의 현재와 미래를 망치는 것을 막아야 합니다. 그런 당을 숙주 삼아 수십 년간 386이 486, 586, 686이 되도록 썼던 영수증 또 내밀며 대대손손 국민들 위에 군림하고 가르치려 드는 운동권 특권정치를 청산해야 합니다.

우리는 소수당이고, 폭주하는 다수당을 상대해야 하는 지금의 정치 구도가 대단히 어려운 상황인 것은 맞습니다. 만주벌판의 독립운동가들은, 다부동 전투, 인천상륙작전, 연평해전의 영웅들은, 백사장 위에 조선소를 지었던 산업화의 선각자들은, 전국의 광장에서 민주화를 열망했던 학생들과 넥타이부대들은, 어려운 상황이란 걸 알고도 물러서지 않았고, 그래서 대한민국의 불멸의 역사가 되셨습니다.

'공포는 반응이고, 용기는 결심'입니다. 이대로 가면, 지금의 이재명 민주당의 폭주와 전제를 막지 못할 수도 있다는, 상식적인 사람들이 맞이한 어려운 현실은, 우리 모두 공포를 느낄 만합니다. 그러니, 우리가 용기 내기로 결심해야 합니다. 저는 용기 내기로 결심했습니다. 그렇게 용기 내기로 결심했다면, 헌신해야 합니다. 용기와 헌신, 대한민국의 영웅들이 어려움을 이겨낸 무기였습니다. 우리가 그 무기를 다시 듭시다.

우리는, 상식적인 많은 국민들을 대신해서, 이재명 대표의 민주당과 그 뒤에 숨어 국민 위에 군림하려는 운동권 특권 세력과 싸울 겁니다. 호남에서, 영남에서, 충청에서, 강원에서, 제주에서, 경기에서, 서울에서 싸울 겁니다. 그리고, 용기와 헌신으로 반드시 이길 겁니다.

저는, 정교하고 박력 있는 리더십이 국민의 이해와 지지를 만날 때 나라가 발전하고, 국민의 삶이 좋아진다는 확신을 가지고 있습니다. 이재명 대표와 개딸 전체주의, 운동권 특권세력의 폭주를 막는다는 것은 우리가 이겨야 할 절박한 이유이긴 하지만, 그것만이 우리가 이겨야 할, 우리 정치와 리더십의 목표일 수는 없습니다. 산업화와 민주화를 동시에 이루어 낸 위대한 대한민국과 동료 시민들은 그것보다 훨씬 나은 정치를 가질 자격이 있는 분들이기 때문입니다. 우리는 지금 비록 소수당이지만 대선에서 기적적으로 승리하여 대통령을 보유한, 정책의 집행을 맡은 정부 여당입니다. 정부 여당인 우리의 정책은 곧 실천이지만, 야당인 민주당의 정책은 실천이 보장되지 않는 약속일 뿐입니다. 그건 굉장히 큰 차이죠. 그 차이를 십분 활용합시다. 정교하고 박력 있게 준비된 정책을 국민께 설명하고 즉각 실천해야 합니다. 그것이 국민들이 대선에서 우리를 뽑아주신 이

유입니다.

상대가, 당대표가 일주일에 세 번, 네 번씩 중대범죄로 형사재판을 받는, 초현실적인 민주당인데도 왜 국민의힘이 압도하지 못하는지, 함께 냉정하게 반성합시다. 국민의힘이 잘해 왔고, 잘하고 있는데도 억울하게 뒤지고 있는 거 아닙니다. 우리 이제, 무기력 속에 안주하지 맙시다. 계산하고 몸 사리지 맙시다. 국민들께서 합리적인 비판을 하시면 미루지 말고 바로바로 반응하고 바꿉시다. 이제 정말, 달라질 것이라 약속드리고, 바로바로 보여드립시다.

운동권 특권정치를 청산하라는 강력한 시대정신은, 우리가 운동권 특권정치를 비판하는 것만으로는 실현될 수 없고, 바로 우리가 그 운동권 특권정치를 대체할 실력과 자세를 갖춘 사람들이라고 공동체와 동료 시민들을 설득할 수 있을 때 비로소 실현될 수 있습니다.

정치인은 국민의 공복이지 국민 그 자체가 아닙니다. "국민의 대표이니 우리에게 잘해라"가 아니라 "국민의 공복이니 우리가 누구에게든 더 잘해야" 합니다. 무릎을 굽히고 낮은 자세로 국민만 바라봅시다. 정치인이나 진영의 이익보다 국민 먼저입니다. 선당후사라는 말 많이 하지만, 저는 선당후사 안 해도 된다고 생각합니다. 대신, '선민후사'해야 합니다. 분명히 다짐합시다. '국민의힘'보다도 '국민'이 우선입니다.

오늘 국민의힘의 비상대책위원장으로서 정치를 시작하면서, 저부터 '선민후사'를 실천하겠습니다. 어려운 상황에서, 미래와 동료 시민에 대한 강한 책임감을 느끼기 때문입니다.

저는, 지역구에 출마하지 않겠습니다, 비례로도 출마하지 않겠습니다, 오직 동료 시민과 이 나라의 미래만 생각하면서 승리를 위해서 용기 있게 헌신하겠습니다. 저는, 승리를 위해 뭐든지 다 할 것이지만, 제가 그 승리의 과실을 가져가지는 않겠습니다.

국민의힘은 다양한 생각을 가진, 국민께 헌신할, 신뢰할 수 있는, 실력 있는 분들을 국민들께서 선택하실 수 있게 하겠습니다. 우선, 우리 당은 국회의원 불체포특권을 포기하기로 약속하시는 분들만 공천할 것이고, 그럴 일은 없겠지만 나중에 약속을 어기는 분들은 즉시 출당 등 강력히 조치하겠습니다. 우리는 이재명 대표의 민주당과 달라야 하지 않겠습니까.

여러분, 함께 가면 길이 됩니다. 우리 한번, 같이 가봅시다. 고맙습니다.

_2023.12.26. 한동훈 전 국민의힘 비상대책위원장 수락 연설문

한동훈은 2023년 12월 26일 국민의힘 비상대책위원장을 수락하는 연설을 통해 동료 시민이라는 다소 생소한 단어를 소개했다. 한동안 우리나라에서 보수는 국민으로, 진보는 시민으로 호칭하는 것이 일반적이었는데 보수가 시민을 내세웠다는 점에서 일종의 발상의 전환이었다.

하지만 동료 시민의 영어 번역인 'fellow citizen'이라는 단어 자체는 독해 중심의 영어 교육을 받은 1970년대 이후 태생인 사람들에게 생소하지 않은 단어이기도 하다. 애덤 스미스의 《국부론》에도 등장하는 'fellow citizen'은 미국의 정치 지도자들의 연설문에서 자주 발견되는 표현이고, 이러한 연설문은 학생들의 영어독해 학습 소재로 자주 활용되었기 때문이다.

가장 대표적인 미국 대통령 취임 연설인 존 F. 케네디 대통령의 연설문에서도 'fellow citizen'을 찾아볼 수 있으며, 이후 레이건 대통령과 오바마 대통령의 취임 연설에서도 발견할 수 있다.

The energy, the faith, the devotion which we bring to this
endeavor will light our country and all who serve it -- and

동료 시민들과 함께한 2024.03.30.
인천 서구 가정동 중앙시장 유세

the glow from that fire can truly light the world. And so, my fellow Americans, ask not what your country can do for you, ask what you can do for your country. *My fellow citizens* of the world, ask not what America will do for you, but what together we can do for the freedom of man.

_존 F. 케네디의 대통령 취임연설문 중

(번역) 우리의 에너지, 믿음, 노력을 위한 헌신은 우리나라와 우리나라를 위해 봉사하는 모든 사람들을 밝힐 것이며, 그 불꽃에서 나오는 빛은 진정으로 세상을 밝힐 수 있습니다. 그래서, 내 동료 미국인들은, 당신의 나라가 당신을 위해 무엇을 할 수 있는지 묻지 말고, 당신이 당신의 나라를 위해 무엇을 할 수 있는지 물어보아야 합니다. 세계의 동료 시민들은, 미국이 당신을 위해 무엇을 할 것인지 묻지 말고, 우리가 함께 인간의 자유를 위해 무엇을 할 수 있는지 물어보아야 합니다.

　20세기 최고의 명연설로 손꼽히는 존 F. 케네디 대통령의 위 연설문에는 동료 시민으로서 마땅히 가져야 할 자세로서 믿음과 헌신, 그리고 실천을 말하고 있다. 한동훈의 전 비상대책위원장 취임연설문 역시 우리가 지켜야 할 자유의 가치(선진화와 민주화)를 제시한 뒤 이를 위한 용기와 헌신을 이야기한다.

오직 자신만이 옳다는 생각으로 지난 30여 년간 대한민국을 지배한 운동권 특권정치와 개딸 전체주의에 맞서자는 주장 역시 냉전시대 인민민주주의 세력의 확산에 맞서야 했던 케네디와 일맥상통한다. 그리고 두 연설문 모두, 자유민주주의를 지켜내는 것은 오직 동료 시민들의 자각과 공공선을 위한 자발적 희생과 헌신에 의해서만 가능함을 주장하고 있다.

한동훈의 수락 연설문에서는 또 다른 위대한 정치가인 처칠 전 영국 총리의 모습도 찾아볼 수 있다. 히틀러가 이끄는 전체주의 파시즘 연합의 세계 정복 야욕에 맞서야 했던 처칠은 역사상 최대 규모의 철수 작전이던 됭케르크 철수 작전 직후인 1940년 6월 4일, 영국 하원에서 아래와 같은 연설을 한다.

We shall not flag or fail. We shall go on to the end. We shall fight in France, we shall fight on the seas and oceans, we shall fight with growing confidence and growing strength in the air, we shall defend our island, whatever the cost may be. We shall fight on the beaches, we shall fight on the landing grounds, we shall fight in the fields and in the streets, we shall fight in the hills, we shall never surrender*!*

(번역) 우리는 항복하거나 패배하지 않을 것입니다. 우리는 끝까지 싸울 것입니다. 우리는 프랑스에서 싸울 것이고, 바다와 대양에서 싸울 것이며, 공중에서 점점 더 자신감을 길러 싸울 것이며, 우리의 섬을 지킬 것입니다. 우리는 해변에서 싸울 것이고, 착륙장에서 싸울 것이며, 들판에서 싸울 것이고, 거리에서 싸울 것이며, 언덕에서 싸울 것이며, 결코 항복하지 않을 것입니다!

마지노선이 붕괴되며 나치 독일의 침공 단 5주 만에 프랑스 전역이 점령당하는 상황에서, 처칠은 전체주의 나치 독일과의 전쟁에서 한 발자국도 물러설 생각이 없음을 천명하였다. 이 연설은 나치 독일의 파시즘에 온 유럽이 완전히 지배당할 것이 분명해 보였던 상황에서 자유 진영의 용기를 일깨웠다. 그리고 꺼져 가던 제2차 세계대전 승전의 불씨를 살려냈다.

이재명이 지배하기 시작한 민주낭은 김대중과 노무현의 민주당과는 완전히 다른 것이었고, 심지어 문재인의 민주당과도 달랐다.

정당정치가 이뤄지는 나라에서 당원 참여는 정당 민주화의 지표와도 같은 것으로 여겨졌다. 실제 정당 민주주의가 제대로 시행되고 있는 미국, 영국 등 서구 선진국들에서 정치인들은 당비를 내고 공천권을 행사하는 당원들에게 충성을 다하지, 당대표나 대통령 또는 총리에게도 충성을 바치진 않는다. 유명한 미국의 정치 드라마 〈웨스트윙〉이나 〈하우스 오브 카드〉 등에서도 법안의 통과를 위해 여당 의원들과 협상을 하는 대통령의 모습이 자주 등장한다. 정당민주주의가 오래도록 정착된 이들 정치 선진국에서 국민들은 대부분 정당의 당원이다. 당원에 의한 경선으로 후보자가 선출되는 경선제도가 공천의 근간이다 보니, 선진국의 정치인들은 당원들의 의사에 따른 정치를 한다. 반면 우리나라는 상황이 조금 다르다. 정치참여나 당원 가입을 하지 않는 것이 일종의 멋이나 정치적 쿨함, 또는 중립성으로 보는 풍토가 있다. 이런 문화적 토양에서는 당원 참여에 기반을 둔 미국식 정당 민주주의가 그대로 실현되기 어렵다.

그나마 민주노동당 등 진보정당들이 당비를 내는 당원을 중심으로 한 후보 공천 제도를 현실화하면서 2000년대 초반 한국 정치계에 신선한 충격을 주었다. 3김으로 대표되던 시절 여야를 가리지 않고 각 당의 정치적 보스는 공천권을 독점적으로 행사했다. 반면 원내 진보정당을 지향하던 민주노동당은 자당의 비례대표 후보들을 당원들의 투표만으로 뽑는 신선한 정치개혁을 주도하였다. 그 결과 2004년 제17대 총선에서 민주노동당은 지역구 2석, 비례대표 8석 총 10석의 돌풍을 일으키며 진보 정치계의 숙원 사업이었던 원내 진출을 이뤄낸다.

당시 민주노동당 당선인의 면모를 살펴보면 일부 주사파 NL 계열 인사들도 있었지만 권영길, 단병호 등 현장 노동자 출신과 노회찬, 심상정, 조승수로 대표되는 PD 계열이 다수를 차지하였다. 이미 2001년 소위 〈군자산의 맹약〉을 통해 북한의 주체사상을 추종하는 NL 계열 활동가들의 제도권 정치 진입이 내부적으로 결의되기는 했지만, 주요 NL 계열 활동가들은 여전히 제도권 정치에 대해 적대적인 시각을 지니고 있었다. 그러나 2004년 제17대 총선의 민주노동당 돌풍은 NL 계열 활동가들이 군자산의 맹약을 실현할 의욕을 심어주었다. 당시 서울대학교 학생이었던 나는 학내의 NL 계열 운동권 학생들이 대거 민주노동당에 입당하는 것을 직접 목도할 수 있었다. 이들 NL 계열 활동가와 운동권 학생들은 단순히 민주노동당 입당에서 그치지 않고, 민주노동당의 당권을 아래에서부터 장악해 가기 시작했다. 앞서 이야기했듯이 민주노동당은 서방 선진국형의 당원 참여 정당민주주의를 지향했다. 그러나 당원 참여 정당민주주의의 대의를 지키다 보니, 조직된 의지를 가진 특정 정파가 대규모로 입당해 조직력을 바탕으로 차근차근 당내 선출직과 조직 전체를 장악하는 것을 막아낼 수 없었다. 결국 2004년 제17대 총선을 치른 뒤 불과 2년 뒤인 2006년에는 민주노동당 내부 선출직과 조직을 NL의 경기동부연합과 광주전남연합이 거의 다 장악하기에 이른다.

이들 당권파의 전횡과 전체주의적 행태에 밀린 노회찬, 심상정 등 PD 계열 인사들과 현장 인사들은 2008년 2월 심상정 비대위원장의 혁신안과 일심회 사건 연루자 제명안을 제출하지만, 당권파 NL들에 의해 부결된다. 이에 비당권파들은 대거 탈당하여 새로운 진보신당을 결성할 수밖에 없었다. 일심회 사건은 NL 계열의 민주노동당 중앙위원 등 5명이 북한의 지령에 따라 대한민국의 정치 동향과 민주노동당 내부 주요 인사의 인적 사항을 북한에 보고한 간첩행위를 하였음이 밝혀진 사건이다.

일심회 사건 연루자 제명 문제 등과 관련해 결국 갈라섰던 NL 과 PD 세력은 유시민의 국민참여당 세력과 다시 합당하여 2012년 제19대 총선에서 통합진보당으로 출마하였다. 2012년 제19대 총선의 통합진보당은 13석의 의석을 차지하며, 2004년 민주노동당의 총선 결과를 넘어서는 승리를 거머쥐었지만, 곧바로 통합진보당 비례대표 후보의 부정 경선 사건으로 심각한 내홍을 겪는다. NL 경기동부연합을 중심으로 한 당권파 세력의 부정 경선 의혹은 검찰 수사를 통해 일부 사실로 드러났고, 비당권파 세력들이 탈당해 진보정의당을 결성하면서 NL 계열의 전체주의적 조직 장악의 문제점이 다시 한번 만천하에 알려졌다. 이후 NL 당권파만 남은 통합진보당은 헌법재판소의 결정에 의해 위헌 정당으로 해산되는 운명을 맞이한다.

민주노동당의 돌풍부터 통합진보당의 해산까지의 과정을 꼼꼼하게 살피면, 국민의 정당 가입과 활동이 백안시되는 우리나라에서 당원 중심의 정당민주주의를 한다는 것이 전체주의적 조직의 침투와 장악에 얼마나 취약한지 알 수 있다.

이런 비슷한 현상은 10여 년이 지난 뒤 우리나라 양대 수권정당 중 하나인 민주당에서 다시 한번 나타난다. 국민 대부분이 정당에 가입하지 않는 상황에서 당원 중심의 정당 민주주의는 당원을 동원할 수 있는 조직력을 갖춘 기성 정치인에게 절대적으로 유리할 수밖에 없다. 이에 우리나라의 양대 수권정당들은 당 지도부에 의한 전략공천과 여론조사 등의 방식으로 당원이 아닌 일반 유권자도 참여할 수 있는 오픈 프라이머리 방식의 경선제도를 통해 당이 일부 전체주의 세력의 조직적 참여에 좌우되는 것을 막아왔다.

그러나 2020년대 이재명 대표의 민주당은 이러한 불문율을 가볍게 무시하며, 이재명 대표를 맹목적으로 추종하는 개딸 전체주의를 거침없이 실현해 나갔다. 흡사 2006년경 민주노동당의 NL 계열이 했던 방식과 유사한 방식의 일들이 대한민국의 양대 수권정당 중 한 곳에서 벌어진 것이다. 심지어 개딸 전체주의의 교조적 방침에 따르지 않는다면 같은 당 의원일지라도 거침없이 사이버 테러 등의 공격이 가해졌다. 자당 출신의 전직 대통령인 문재인이나 이재명 대표와 대선후보 경선을 치른 이낙연에게도 이러한 공격이 자행될 정도였다.

민주노동당과 통합진보당의 사례에서 알 수 있듯 우리나라에서는 당원만을 중심으로 정당민주주의를 지향했을 때, 조직된 당원 세력에 의한 전체주의가 정당을 지배할 수 있다. 그럼에도 이재명 대표의 민주당은 2022년 8월 권리당원 전원투표라는 당헌을 신설해 권리당원 전원투표가 전당대회 의결보다 우선토록 하는 안건을 추진하였다. 이러한 당헌에 대해 박용진 의원은 "33년 전 노무현 전 대통령은 3당 합당을 의결한 당시 통일민주당 전당대회에서 '이게 회의입니까'라고 외쳤다"며 "마찬가지로 권리당원 투표를 전대 의결보다 우선하도록 한 것이 민주주의냐"라고 비판했고, 윤영찬 의원은 "당원들이 모든 것을 결정하면 그 결정이 잘못됐을 때, 누구에게 책임을 묻나"며 "나치 탄생도, 히틀러가 총통이 된 것도 독일 국민 다수가 지지했기 때문이다. 그 절차도 다수결로 이뤄졌는데 잘못이 없었다고 볼 수 있나"라고 지적했다. 조응천 의원은 SNS를 통해 "1933년 히틀러와 나치는 독일의 국제연맹 탈퇴안을 국민투표로 통과시켰다"면서 권리당원 투표 우선제를 독일 나치식 제도에 빗대며 비판하였다.[*]

이후 권리당원 전원투표제는 부결됐지만 이재명 대표는 권리당원 권한 강화를 지속적으로 시도하였고, 2023년 12월 기어이 전당대회 투표 시 대의원 권한을 축소하고 권리당원 권한을 강화하는 당헌 개정안을 통과시켰다. 이러한 변화에 대해 이재명 대표는 "당원 민주주의와 당 민주화 측면에서 당원들의 의사가 많이 반영되는 민주 정당으로 나가야 한다"며 "국민의 신뢰를 받고 정권을 되찾으려면 국민 눈높이에 맞는 정치를 해야 한다"고 평가하였다. 그러나 당헌 개정에 반대하던 이원욱 의원은 "직접민주주의가 정치권력과 결합할 때 독재 권력이 된다는 것을 나치에서 봤다"며 "자유한국당 황교안 대표는 태극기 부대와의 결합으로 총선에서 패배했다. 우리가 그 모습을 닮아가고 있다"고 말했다.^{**}

개딸 전체주의의 의사가 민주당 운영에 보다 강하게 반영되는 것을 반대하던 국회의원들은 이번에 치러진 총선 공천에서 불이익을 받았다. 박용진 의원은 두 번에 거친 불공정한 경선 끝에 공

---

* 정경수, 〈"나치도, 히틀러도 이렇게 탄생" 비명계 의원들, 권리딩원 전원두표제 반발〉, 파이낸셜뉴스, 2022. 8. 24

** 최얼, 〈[톺아보기]'野권리당원 전대투표 비중확대'가 갖는 정치적 의미…'이재명 사당화'·'친문세력 약화'〉, 더퍼블릭, 2023. 12. 8.

천을 받지 못했고, 조응천·이원욱 의원은 탈당을 결행해야 했으며, 윤영찬 의원 역시 개딸들에게 온갖 수모를 당하고 30% 감산 페널티를 적용받으며 공천 탈락하였다. 그리고 그 자리에는 개딸들의 지지를 받는 친명계 인사들이 공천되었고, 모두 당선했다. 마치 2008년 심상정 비대위 좌초 후 진보신당을 창당했다 총선에서 전멸한 민주노동당 비당권파와 의석을 유지한 민주노동당 당권파의 사례가 반복된 듯한 모습이었다.

문제는 2008년과 달리 전체주의 정당화가 제3정당이자 소수당인 진보정당이 아니라 우리나라의 양대 수권정당 중 하나에서 발생했다는 점이다. 이는 독일의 나치당이 제2당으로 떠오른 1933년 독일 총선만큼이나 심각한 결과라 볼 수 있다. 1933년 총선에서 수상을 배출한 집권당이 된 나치당은 전체주의 파시즘을 국가 전체에 적용해 나가다 불과 6년 뒤 독일 국민을 세계대전의 참화 속으로 끌고 들어갔다.

한동훈은 양대 수권정당 중 하나인 민주당이 개딸 전체주의에 물들어 가는 것을 걱정한 대표적 인사였다. 그는 비대위원장 수락 연설문에서 개딸 전체주의와의 투쟁을 천명하며, 나치 독일의 파시즘에 맞선 처칠의 연설문과 유사한 내용을 담았다. 비록 금번 총선이 개딸 전체주의의 철저한 승리로 마무리되었지만, 한동훈이 던진 전체주의에 대한 경고와 투쟁 의지는, 완벽히 패배한 것으로 보이는 자유민주주의 수호 진영의 마지막 불씨가 될 수 있을 것이라 생각한다.

비록 지금은 실패했지만, 다시금 우리 동료 시민은

"이재명 대표의 민주당과, 그 뒤에 숨어 국민 위에 군림하려는 운동권 특권 세력과 싸울 겁니다. 호남에서, 영남에서, 충청에서, 강원에서, 제주에서, 경기에서, 서울에서 싸울 겁니다. 그리고, 용기와 헌신으로 반드시 이길"

것이기 때문이다.

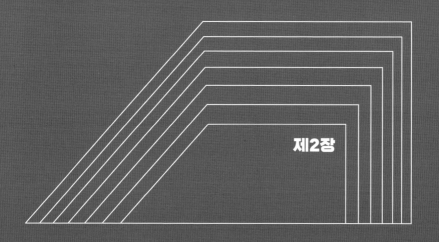

제2장

한동훈
신드롬

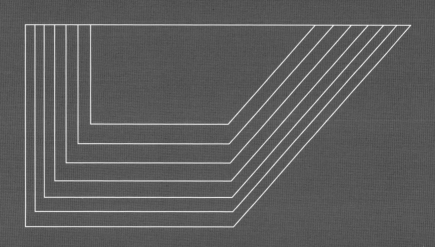

한동훈 신드롬의 배경
– 민주당과 진보세력이 만든 세상

교육의 사다리 붕괴

노무현 정부 때인 2008년 입학사정관제가 도입되며 수시 제도가 확대되기 시작하였다. 내신 성적을 비롯한 각종 특기 및 외부 수상내역 등을 반영해 평가하는 입학사정관제는 보수 정부인 이명박 정부와 박근혜 정부에서도 확대되었다. 박근혜 정부 때인 2015년 입학사정관제는 학생부 종합전형이란 이름으로 바뀌었고, 외부 수상내역이나 경력은 대부분 블라인드 되고 내신성적과 교내대회 수상경력 등이 강조되는 형태로 변화하였다. 시험에서 한 번의 성공을 노리는 과거 학력고사나 수능시험 중심의 입시와 달리, 내신을 강조하는 수시 제도는 공교육 내실화에 어느 정도 기여한 바가 있다. 이런 평가에 힘입어 수시 제도 비중은 점점 증가하여 문재인 정부 초기인 2018년에는 수시 입시의 비율이 전체 입시의 75%에 육박할 정도로 대학 입시의 가장 주된 전형으로 자리 잡았다.

　수시 제도가 내신을 중시하는 문화를 확산하고 이것이 공교육 내실화에 어느 정도 기여했다고 하더라도, 학생 입장에서는 학업과 수능 준비 외에 다양한 종류의 수행평가와 다양한 입시 전형 요소의 반영 사항을 별도로 준비해야 하는 부담을 가지게 되었다. 과거 교과서를 중심으로 성실하게 공부하고 문제집만 열심히 풀면 이를 기반으로 치러지는 시험에서 높은 평가를 받을 수 있었다. 이러한 성적 중심의 선발 방식에 비해 수시 제도는 부모나 사교육의 조력을 받을 수 있는 학생이 그렇지 않은 학생보다 우월한 지위를 점유할 수 있는 토대를 마련해 줬다. 결과적으로 아이의 교육을 전담해 봐줄 수 있는 주 양육자나 고액의 사교육비를 부담할 경제적 여력이 있는 학군지의 아이들과, 부모가 모두 맞벌이를 하며 생계를 유지하기 급급한 비학군지 아이들 사이에 기회의 격차가 크게 벌어지고 있다.

　서울대 합격생 수가 모든 것의 기준이 될 수는 없다. 하지만 1994년도 입시와 2024년도 입시의 서울대 합격생 배출 고등학교 순위를 비교한 아래의 표를 보면, 이러한 차이를 더욱 명백히 파악할 수 있다.

	1994년도 입시	2024년도 입시
1	대원외고(서울/188)	외대부고(경기/58)
2	서울과학고(서울/132)	대원외고(서울/45)
3	서울예고(서울/97)	하나고(서울/37)
4	대일외고(서울/85)	중동고(서울/36)
5	서인천고(인천/75)	선덕고(서울/35)
6	상문고(서울/58)	세화고(서울/31)
7	한영외고(서울/54)	보인고(서울/29)
8	경기고(서울/53)	휘문고(서울/29)
9	안양고(경기/47)	낙생고(경기/27)
10	부천고(경기/45)	상산고(전북/27)
11	광주문성고(광주/45)	단대부고(서울/25)
12	단대부고(서울/42)	한영외고(서울/24)
13	광주고려고(광주/39)	화성고(경기/24)
14	강릉고(강원/38)	명덕외고(서울/23)
15	진주동명고(경남/35)	상문고(서울/23)

　　1994년도 입시 때만 해도 서울대 합격생 배출수에 있어 특목고와 지방 명문고의 강세가 뚜렷이 드러난다. 상문고, 경기고, 단대부고 등 소위 강남 8학군 지역 평준화 고등학교도 15위 안에 이름을 올리기는 하지만 수월성 교육을 통해 선발된 특목고와 지방 명

문고 학생들은 학군지 거주 여부와 무관하게 서울대 합격의 기회를 얻을 수 있었다. 그러나 그로부터 30년이 지난 2024년도 입시에서는 확연히 다른 양상이 나타난다. 우선 서인천고, 안양고, 부천고, 광주문성고, 광주고려고, 강릉고, 진주동명고 등 지방 명문고가 전멸했다. 이들 지방 명문고들은 서울에 비해 사교육 인프라가 빈약한 지방 각지의 인재들을 육성하는 역할을 오랫동안 해왔다. 그러나 30년이 지난 오늘날에는 완전히 사라져 버렸다. 외대부고, 상산고와 같은 전국 단위 모집이 가능한 자립형 사립고가 지방 고등학교의 자존심을 세워주고 있으나 전국 단위 모집이다 보니 엄밀하게 말해 지역 인재를 키우는 학교라 보기 어렵다. 그나마 과거 지방 명문고의 명맥을 잇는 학교는 아직 평준화가 되지 않은 경기도 화성에 위치한 화성고가 유일하다. 반면 학군지로 일컬어지는 강남 3구 지역의 고교들은 크게 약진하는 모습을 보여준다. 1994년도 입시에서는 단 3개 학교뿐이었지만, 2024년도 입시에서는 6개 학교가 랭크되며 서울대 진학률이 두 배로 늘어났다.

"우리 서구 아이들의 꿈이 강남 3구 아이들의 꿈과 달라서는 안 됩니다."

이 슬로건은 나의 주요 선거 캐치프레이즈 중 하나였다. 나는 1994년도 입시에서 전국 5위의 서울대 합격생을 배출한 서인천고를 졸업했다. 당시 인천 서구에는 서인천고와 대인고라는 두 개의 비평준화 지방 명문고가 존재했다. 두 학교에서만 서울대 합격생을 매년 100여 명씩 배출할 정도였다. 그러나 그로부터 30년이 흐른 2024년 인천 서구에는 서울대 합격생을 1년에 5명 이상 배출하는 학교조차 찾아보기 어렵다. 내가 졸업한 서인천고 역시 단 한 명의 서울대 합격생을 배출하지 못하는 기수가 있을 정도다. 사립학교이다 보니 선생님들은 30년 동안 거의 그대로 계시는데, 아무리 평준화가 되었다 해도 왜 이런 현상이 발생한 것일까?

가장 큰 이유는 수시 전형 중심으로 입시 전형이 변한 것을 들 수 있고, 수월성 교육을 적대시하며 공교육을 약화해 온 탓이 크다. 공교육이 무너지면서 부모나 사교육의 조력을 받을 수 있는 강남 3구 아이들과 달리, 내가 출마한 인천 서구의 아이들은 예전처럼 강남 3구 아이들과 공정하게 경쟁할 기회조차 잃고 있다. 이것은 비단 인천만의 문제가 아니다. 30년 전 전국 각지의 지방 명문고가 존재했던 지역의 아이들도 공통적으로 겪는 문제다. 안양고, 부천고, 서현고, 백석고, 강릉고, 천안북일고, 울산학성고, 순천고, 광주문성고, 광주고려고, 진주동명고, 제주대기고 등의 학교들은 각 지역의 우수한 아이들이, 태어난 곳이나 부모의 재력과 무관하게 자신의 꿈을 실현할 기회를 제공했다. 그러나 민주당과 진보 교육단체 등을 중심으로 한 정치 진영은 이들 학교의 수월성 교육이 위화감을 조성하고, 극심한 입시경쟁으로 인한 폐해를 유발한다며 집요하게 해체했다. 그리고 아이들의 가능성을 다양하게 평가한다는 명목으로 이런저런 입시 전형을 확대하였다. 이들이 도입한 입시 전형은 중·고등학교 기간 내내 한 번도 실수하지 않고 꾸준히 잘할 것을 요구한다. 지방의 서민 거주지역 아이들은 어려운 가정환경 등의 영향으로 그러한 목표를 온전하게 달성하기 어렵다. 학생들이 한 번뿐인 학력고사나 수능에 매달리지 않고 평소에도 학교 수업을 충실히 따라가도록 하는 효과는 있었지만, 단 한 번의 낙오도 인정하지 않는 선발 시스템으로 인해 안정적인 가정환경이나 경제적 지원이 없는 집의 아이들은 일찌감치 경쟁에서 낙오하는 현상이 대두되었다. 이러한 일들이 반복되다 보니 비학군지나 지방의 학교에서는 학생부를 제대로 서술해 주지 않는 데 비해, 서울 강남의 학군지 학교들은 하나라도 더 충실하게 학생부에 기재해 주려 함으로써 양자 간에 더욱 큰 격차가 발생하고 있다.

어떤 부모를 만나든, 어느 곳에서 태어나든 스스로 충실히 노력하기만 하면 교육의 사다리를 타고 자신의 꿈을 이루고, 사회의 동량지재(棟梁之材)로 성장할 수 있다는 믿음이 뿌리부터 무너져 가고 있다. 그 결과 자녀가 중학교만 진학하면 지방에서도 그나마 조금 더 나은 학군지로, 또는 서울 강남 3구 학군지로의 이사가 당연해지며, 학군지와 비학군지의 부동산 가격 및 교육 환경 격차가 더 심해지고 있는 실정이다. 현재 우리나라에서 가장 큰 문제가 되고 있는 지방소멸과 저출산 문제의 기저에는 지역과 계층에 따른 교육의 기회 불균형이 주요 원인으로 자리하고 있다. 그 뿌리를 거슬러 올라가면 민주당과 진보세력이 결코 포기하지 않으려 하는 평준화 정책과 수시 중심의 입시제도가 나온다.

금번 총선에서 한동훈 비대위가 영입한 인재들은 공교롭게도 이들 비학군지의 지역에서 어린 시절 성장하며 꿈을 이룬 사람이 대부분이다. 주로 30대에서 40대인 이들은 이제 막 자녀들을 양육하며 자녀들의 교육 환경이 자신들의 성장기와 크게 다름을 경험으로 느끼고 있다. 자신이 성장해 온 지역의 아이들이 자신들처럼 공정한 기회를 얻지 못하고 있다는 사실도 알고 있다. 물론 조국의 경우처럼 자신의 자녀에게 유리해진 제도를 활용하며 키워내는 쉬운 방법도 있다. 하지만 적어도 나에게 그것은 서민의 자녀로 태어나 서민 지역에서 꿈을 위해 분투하며 살아온 내 정체성을 부정하는 일이었다. 그랬기에 험지라는 사실을 알면서도 나를 성장시켜 준 서민 지역에 기꺼이 출마했다. 나와 비슷한 성장 환경을 가진 류제화 변호사는 교육 사다리의 소멸 문제에 대해 공감대를 형성하며, 함께 공립학원 공약을 제시하였다. 평준화 정책과 교육과정 약화로 내실 있는 공교육을 받지 못하고, 경제적 사정 등으로 사교육도 받지 못하는 지역의 아이들에게 공립학원에서 강남 3구 학군지 아이들 수준의 교육을 받도록 기회를 제공하자는 일종의 과도기적 공약이었다. 해당 공약에 대해 민주당 인천시당은 나를 직접 언급하며 비난하는 성명을 발표하기도 했지만, 나는 상대 후보였던 김교흥 의원과의 토론에서 민주당과 진보세력의 위선적인 교육정책에 맞서는 것이라고 반박했다.

강남 3구의 쾌적한 주거 환경에서 살며, 부모로부터 충분한 사교육 지원을 받고 수능시험도 보지 않은 채 오로지 가능성만으로 의대를 갈 수 있는 아이들에 비해 나와 류제화 변호사가 자란 지역의 아이들은 도대체 무엇을 어떻게 준비해야 자신의 꿈을 이룰 수 있는지 방향조차 제대로 설정하지 못하고 있는 것이 현실이다. 민주당과 진보세력은 굳이 사다리를 탈 필요가 없다고 강변한다. 따뜻한 개천에서 가재, 붕어, 개구리로 행복하게 살아도 된다고 주장하지만, 막상 자기 자녀들의 꿈은 최소한의 시험도 보지 않고 이룰 수 있게 만들었다. 그나마 투명하고 공정하게 존재했던 교육의 사다리가 완전히 붕괴한 상황이 야기하는 여러 문제에 대해 그들은 철저하게 외면하고 있다. 진보의 위선적 교육정책이 어떤 문제를 불러일으키고 있는지 분명히 직시하지 못하는 한, 교육을 통한 기회의 사다리는 결코 복원될 수 없을 것이다.

저축을 통한 내집마련의 길 붕괴

나는 2013년에 변호사가 되었다. 법학전문대학원을 다니는 동안 성적 장학금을 받은 한 학기를 제외하고 전 학기 학자금 대출을 해 학비를 지불했다. 로스쿨생에게 나오는 마이너스 통장으로 생활비와 책값을 보태다 보니 변호사가 될 무렵 나의 부채는 7,000만 원이 넘었다. 변호사 자격을 취득하고 대한항공의 사내 변호사로 입사했지만 제대로 된 양복은 고작 한 벌뿐이었다. 이후 나는 국산 준중형 승용차를 한 대 구입하고, 양복과 와이셔츠, 구두를 사느라 처음 1년 동안 수입보다 많은 지출을 해야 했다. 그렇게 변호사 1년 차를 보낸 2014년 나의 순 부채는 1억 원을 초과했다. 2014년에는 아들이 태어났는데 여전히 보증금 2,000만 원에 월세 65만 원의 15평 구축 아파트에서 살았다. 하지만 부채가 1억 원을 넘었으니 마음이 조급해질 수밖에 없었다. 결국 주말에는 일종의 '투잡'으로 변호사가 되기 위한 학생들을 상대로 강의를 하게 되었다. 그래도 어느 정도 희망은 보였다. 당시 대한항공 본사가 있는 강서구 공항동 인근 마곡 신도시의 아파트 분양가가 20평대는 3억 원, 30평대는 4억 원 정도 했기 때문에 정말 쉬는 날 없이 열심히 일한다면 아이가 학교에 입학하는 2021년쯤에는 조그만 집 하나 마련할 수 있을 것이라 생각했다. 당시 나는 양재동의 오래된 구축 아파트도 눈여겨보고 있었는데 30평대 아파트를 3억 원 정도면 충분히 살 수 있었다.

그렇게 열심히 투잡을 불사하며 돈을 벌고 빚을 갚는 사이 많은 일이 생겼다. 2014년에는 지금 생각해도 너무나 슬픈 세월호 사건이 있었고, 2016년 총선에서는 범야권이 과반 달성을 당연히 생각하던 여당을 이기기도 했다. 그리고 2017년 촛불집회와 박근혜 대통령 탄핵, 문재인 정부 출범이 있었다. 문재인 정부의 출범과 함께 거짓말처럼 아파트 가격이 오르기 시작했다. 2017년 이후 부동산 가격 급등 사태에 대해 민주당과 그 지지자들은 지속적으로 그 원인을 박근혜 정부의 초이노믹스와 코로나 유동성 강화에 돌리려고 한다. 그러나 이는 문재인 정부의 수많은 부동산정책들의 내용과 결과를 살펴봐도 명백히 허위임을 알 수 있다.

① 등록 임대사업자 과세 특례

문재인 정부는 출범하자마자 그동안 정부가 전혀 파악하고 관리하지 않았던 전·월세 등 임대사업자에 대한 현황 및 소득을 정확히 파악하고, 임차인의 주거 불안을 해소한다는 명분으로 임대사업자 등록을 장려하면서 등록 임대사업자에 대한 과세 특례를 제공하였다. 추후 임대사업자에 대한 과세를 목적으로 임대사업자 등록을 추진하면서 과세 특례라는 당근을 제공한 듯한데, 문제는 이것이 다소 과했다. 등록 임대사업자는 ▲취득세 ▲재산세 ▲임대소득세 ▲양도소득세 ▲종합부동산세 ▲건강보험료 무려 6가지 종류의 과세 특례를 적용받을 수 있게 한 것이다. 결국 영혼까지 끌어 쓴다는 '영끌 대출' 또는 전세를 최대한의 액수로 끼고 주택을 구입하는 '갭투자'라는 변태적 투자 방식이 유행하기 시작했다. 갑작스러운 수요 증가로 주거용 부동산, 특히 아파트 가격이 폭발적으로 오르기 시작했다.

② 2017.06.19. 부동산 대책

청약조정대상지역 내 주택담보대출 취급에 필요한 총부채상환비율(DTI)과 담보인정비율(LTV)을 각 10%씩 강화하고 기존에 분양권 전매가 금지되었던 강남 3구와 강동구 외에도 서울 전역에서 민간택지 분양권 전매를 금지시키는 대책이었다. 하지만 부동산 가격 상승세를 낮추는 데는 아무런 효과가 없었다.

③ 집값 잡으면 피자를 쏘겠단 말로 유명해진 2017.08.02. 부동산 대책

주택담보대출에 필요한 총부채상환비율(DTI)와 담보인정비율

(LTV)을 60%에서 40%로 축소하고 재건축 초과이익공유제와 분양가상한제를 도입하며 공급통제를 시작한 정책이었다. 대출 규제를 강화하고 재개발 재건축 투기 수요를 약화함으로써 부동산 가격을 잡겠다는 의도였던 것으로 보인다. 그러나 결과적으로 재개발·재건축 공급 자체를 막아버려 신규 주택 공급량을 대폭 축소하고, 3040 세대가 대출로 집을 살 가능성을 봉쇄함으로써 3040 세대의 내집마련을 더 어렵게 하는 결과를 불러왔다. 물론 부동산 가격 상승세에는 아무런 영향을 주지 못하였기에 피자를 얻어먹은 사람도 없었다.

④ 2017.09.05. 부동산 대책

계속되는 부동산 대책에도 부동산 가격 급등이 지속되자 투기과열지구를 추가로 지정하고 민간택지 분양가 상한제 적용 요건 개선을 대책으로 발표하며 분양가 상한제를 적극적으로 시행한 대책이었다. 청약통장이 적용되는 분양가의 가격을 통제하여 부동산 투자붐을 줄이려고 하였으나 청약만 되면 거액의 시세차익을 얻을 수 있다는 기대감에 청약시장이 과열되고, 분양가 상한제 적용을 받지 않으려는 재개발·재건축 사업장들의 사업 추진이 전면 중단되면서 신규 주택 공급의 씨를 말리는 결과를 불러왔다.

⑤ 2017.10.24. 가계부채 종합대책

LTV, DSR, DTI 강화 및 중도금 대출 상한을 5억 원으로 묶어서 주거용 부동산 수요를 줄이고자 하였으나 부동산 가격 상승세에는 아무런 영향을 주지 않았고, 당장 주택구입자금이 없는 3040세대의 주택구입 가능성만 봉쇄하는 결과를 초래하였다.

⑥ 2018.09.13. 부동산 대책

종부세를 인상하고, 1주택자의 주택청약을 제한하며, 대출 규제를 보다 강화하고, 이 모든 부동산 폭등의 시작이었던 임대사업자 신규 등록을 막는 등 지금까지의 부동산 대책 중 가장 강력한 규제책이 시행되었지만, 시장에는 아무런 영향을 주지 못했다. 오히려 부동산 가격의 상승세는 더 높아져만 갔다.

⑦ 2019.12.16. 부동산 대책

역사상 가장 강력한 부동산 규제라고 불러도 과언이 아닌 대책이 발표되었다. 9억 원을 초과하는 아파트에 대한 주택담보대출을 제한하고, 15억 원을 초과하는 아파트는 주택담보대출 자체를 아예 금지하는 가장 강력한 대출 규제였다. 이러한 대출 규제는 사실상 15억 원 이상 아파트와 9억 원 이상 아파트, 그리고 9억 원 미만 아파트가 있는 지역을 나누는 지역별 신분제의 도래를 야기하는 것이었다. 서민 출신의 3040 세대는 9억 원 이상 아파트가 있는 곳에 입주하는 것조차 불가능하게 만들어 부동산 계층 상승의 사다리 자체를 완전히 소멸시키는 결과를 초래하였고, 거주하는 지역이 사실상 사회 신분으로 작용하게 만들었다.

대통령 취임 1년간으로 비교했을 때 아파트 가격은 노무현 정부에서는 14.07% 올랐고, 이명박 정부에서는 3.16% 내렸으며, 박근혜 정부에서는 1% 올랐는데 문재인 정부에서는 8.31% 가 올랐다. 문재인 정부 취임 초인 2017년 5월 서울 아파트의 평균 가격은 6억 708만 원이었는데 2018년 9·13대책이 있을 때까지 7억 8,561만 원으로 올랐다. 코로나 유동성이 작동하기 직전인 2020년 7월에는 9억 5,033만 원, 코로나 유동성이 적용된 2021년 7월에는 11억 5,751만 원에 달했다. 이제 막 결혼을 하고 아이를 낳아 기르는 3040 세대가 근로소득만으로는 도저히 따라잡을 수 없을 정도로 주택가격이 올라버려 출산을 할 최소한의 기반조차 잃게 했다. 결국 2017년부터 우리나라의 출산율은 드라마틱하게 줄어들기 시작한다.

그래도 2020년 8월 전까지 주택난의 문제가 그렇게 심각하게 느껴지지 않았는데 그것은 오른 주택가격에 비하여 전세가격이 상대적으로 안정되었기 때문이다. 그러나 민주당은 기어코 전세가격까지 올려버린다. 2020년 4월 총선에서 민주당은 180석이라는 기록적 대승을 거두었다. 정의당의 6석까지 더하면 190석에 달하는 승리였고, 국회선진화법을 돌파하여 야당의 견제 없이 어떠한 법도 다 통과시킬 수 있는 의석을 차지하였다.

정권과 180석이란 의석까지 차지한 무소불위의 문재인 대통령과 민주당은 선거가 끝난 지 4개월도 되지 않아 주택임대차보호법 개정안 카드를 꺼내 든다. 경제적 약자인 임차인의 권리를 보호하기 위하여 주택임대차보호법으로 최소 2년간은 보장되던 것을 상가임대차보호법의 계약갱신청구권 법리를 도입해 최대 4년까지 보장되는 것으로 바꾸는 것이 핵심인 법이었다. 집주인에 비해 상대적으로 약자일 수 있는 임차인을 보다 폭넓게 보호하는 것이기 때문에 민주당과 문재인 정부가 추구하던 진보적 테제에 적합한 법률이었다 할 수 있겠지만, 문제는 이맘때가 주택가격이 급등하던 시기였다는 데 있다. 주택가격이 급등하고 대출 규제 등이 강화돼 서민들의 주택매수가 사실상 불가능해진 상황에서, 임대차의 최소 보호기간을 2년에서 4년으로 확대할 경우 기존 임차인들은 계약갱신 청구를 행사할 것이고 새로이 주택을 임대할 임대인들은 4년치 전월세 가격 상승치를 고려해 전세나 월세 매물을 내놓을 것이 분명했다. 이렇게 될 경우 새로 주택을 임차할 임차인들은 전월세 매물 품귀 현상과 가격 상승을 동시에 감수할 수밖에 없었다. 이들은 대부분 사회에 처음 진출하는 사회 초년생이나 신혼부부 등 청년 계층이었다.

그럼에도 민주당 의원들과 그 지지자들은 주택임대차보호법 개정안으로 전월세 가격이 폭등할 일은 없을 것이라 강변하며 180석의 힘을 이용해 일사천리로 법안을 통과시켜 버린다. 그리고 그 결과는 개정 한 달도 안 되어 전월세 품귀 현상과 전월세 가격 폭등으로 이어졌다. 문재인 정부의 등록 임대사업자 과세혜택 정책으로 갭투자가 부동산 투자의 하나의 상식처럼 된 상황에서 전세 가격까지 폭등하자, 갭투자 수요가 더 늘어나며 부동산 가격 상승세를 끝없이 부채질하는 상황까지 펼쳐졌다. 그 결과 청년 및 서민 계층의 주거난이 더욱 극심해졌다.

당시 턱없이 오른 전월세 가격에 내몰린 사회 초년생과 신혼부부 등 청년 세대들은 인천과 서울 강서지역을 중심으로 시행사, 분양업체, 감정평가사, 공인중개사들이 결탁한 전세사기단의 감언이설에 속아 당시 주택 매물가격보다 높은 전세금을 지급하고 신축 빌라 등에 입주하였다. 코로나 유동성 소멸 후 주택가격이 다소 안정화되면서 2020년 주택임대차보호법 개정 때 지불한 전세금을 돌려받지 못하는 사태가 연달아 발생한 것이 최근 최대 현안으로 떠오른 전세사기 사태이다. 이러한 사태를 불러온 경솔한 입법을 강행했던 180석의 민주당이 지금은 전세사기 피해를 당한 청년들에게 국가 세금으로 우선 지원할 것을 요구하면서 그것이 결국 전세사기 집단을 돕는 꼴이 될 수 있으며, 모럴 헤저드를 불러올 수 있다는 이유로 주저하는 현 정부 여당을 비난하는 촌극을 펼치고 있다.

민주당에 배신당한 3040 세대 정치인을 소환한 한동훈

한창 취업하고, 결혼해서 아이를 낳고 기르며 성실히 노동하고 자산을 축적하려던 3040 세대는 2017년 촛불집회 이후 문재인 정부 5년과 180석 민주당 의회의 황당한 정책과 입법 앞에서 눈앞의 사다리가 하나둘 사라져 가는 것을 목도해야 했다. 스스로에 대한 사다리뿐만 아니라 자신의 아이가 타고 올라갈 수 있는 사다리까지 소멸해 가는데 민주당이나 진보정당을 자임하는 정의당은 조직화 된 소수의 이해관계만 대변하며 성실하게 평범한 삶을 살아가는 청년들을 고소득자라는 이름으로 적폐화 하기 바빴다.

성실히 노동하고 국가가 요구하는 각종 조세와 준조세를 부담하며 살아가는 3040 세대들은 지난 몇 년간 정부나 국회에서 발표된 청년을 위한 정책들에서 철저히 소외되었다. 문재인 정부 내내 신혼부부 디딤돌 대출, 버팀목 대출 등 청년과 신혼부부 등을 위한 지원책의 기준은 부부합산 연소득 7,000만 원 미만이었다. 한창 주택가격이 상승하던 2018년에는 부부합산 연소득이 7,000만 원 이상이면 전세자금대출을 제한하려다 거센 저항에 부딪히기도 했다. 서울 아파트 평균 가격이 10억 원에 근접하고 있는데 부부합산 연소득 7,000만원 미만인 경우에만 각종 정책적 보조를 받을 수 있다면, 부모로부터 충분한 자산을 물려받을 수 있고 소득은 적은 금수저들만 그 정책의 혜택을 누릴 수 있게 된다. 부모로부터 자산을 물려받기는커녕 오히려 부양해야 하는 흙수저들은 되레 고소득자와 적폐로 내몰려 자산 축적과 자녀 양육을 해나갈 수 없다. 문재인 정부와 민주당이 설계한 각종 제도들은 신기하게도 법률혼 부부가 아니고 한부모 가정이어야 혜택을 더 크게 받을 수 있는 경우가 대부분이다. 결국 최근 젊은 세대에서는 신생아 특례 대출, 신혼부부 디딤돌 대출, 버팀목 대출, 아이돌봄 서비스 등을 받기 위해 결혼을 하고도 혼인신고를 하지 않거나 혼인신고를 하지 않은 상황에서 아이를 낳으면 아버지가 아이를 인지하는 것을 하나의 팁으로 공유하고 있는 실정이다. 윤석열 정부가 출범한 이후 이러한 지원정책들의 소득 제한이 부부합산 연소득 7,000만 원에서 1억 3,000만 원 미만, 2억 원 미만으로 일부 현실화되고 있기는 하지만 여전히 7,000만 원에 머물러 있는 경우가 많다.

금수저 저소득자들이 흙수저 고소득자들보다 국가와 정부로부터 많은 지원을 받으며 앞서 나갈 수 있는 불공정한 세계에 대해 3040 세대가 가지는 불만을 보수가 충분히 알아주고 적재적소에서 풀어주었다면 금번 총선의 결과는 조금은 달라졌을지 모른다. 적어도 한동훈 비대위 초기에 한동훈은 '격차 해소'를 정책 비전으로 제시하며 이 같은 모습을 보여주었고 꽤 뜨거운 호응을 불러일으켰다.

한동훈 국민의힘 비상대책위원장은 "민주당 운동권 세력들은 제가 운동권 정치인들에게 죄송한 마음을 가져야 한다고 하는데 전 그분들에게 죄송한 마음 전혀 없다. 그렇지만 지금의 청년 여러분들께는 죄송한 마음이 실제로 매우 크다"고 밝혔다.

한 위원장은 24일 서울 동작구 숭실대학교 한경직기념관에서 열린 대학생들과의 현장간담회에 참석해 이같이 말했다.

한 위원장은 "제가 겪은 청년 시기는 사회적으로는 지금보다 파도는 훨씬 많았던 것 같다"며 "고도성장기가 계속되면서 그런 과실을 세대들이 따먹을 수 있는 것이 디폴트값(기본값)이라고 생각하며 살았다"고 설명했다.

이어 "그런데 지나고 보니 그게 없어졌다. 생각해 보면 지금 여러분보다 덜 노력하고 더 많이 얻을 수 있던 시대였던 것 같다"며 "영원히 계속될 것 같던 고도성장기가 끝난 지금 여기 계신 청년 여러분들이 훨씬 많은 시간과 노력을 들여서 인생을 준비해야 하는 것을 알고 있다"고 전했다.

한 위원장은 "저희는 바로 그 마음으로 이런 상황에서 악전고투하고 계신 대한민국 청년을 돕고 응원하는 정책을 만들고 실천하고 싶다"며 "천원 아침밥 정책 같은 것을 지금보다 훨씬 많은 학교에 확장하고 지원 액수를 늘리기 위한 것을 바로 실천하려 한다"고 강조했다.

한 위원장은 "사실 재원이 무진장하다면 모든 건 다 해결될 거다. 그렇지 않은 현실 세계에 사는 거기 때문에 우리는 모든 것을 다 해낼 순 없을 것"이라며 "그렇기 때문에 허황한 약속을 남발하기보단 꼭 해내야 할 우선순위를 정해야 하는 것이고, 우리 국민의힘은 그렇게 하려 한다"고 약속했다.

_최재호, 〈한동훈 "운동권 정치인에 죄송한 마음 없지만, 청년들께는 죄송"〉, 동아닷컴, 2024.01.24.

한동훈은 2024년 1월 24일 숭실대학교 한경직 기념관을 방문해 위 기사의 내용처럼 발언하는 등 장기적 저성장이 고착화된 시대에 기회조차 갖지 못하는 청년 세대들에 대한 충분한 공감과 미안함을 지속적으로 표현했다. 그리고 재원이 무한하지 않기에 무분별한 현금성 복지정책을 남발할 수 없음도 솔직히 인정하였다. 한동훈의 이러한 관점은 청년층에게 그저 노력만 강조하거나 따뜻한 개천에서 가재, 붕어, 개구리로 살 것을 이야기하는 조국의 말과 확연히 차별되는 지점이다.

불출마와 정치인 특권 포기 선언

한동훈은 국민의힘 비상대책위원장직을 수락하며 다가올 제22대 총선에 불출마할 것을 선언했다. 일반적으로 선거를 앞둔 정당에서 비상대책위원회를 구성할 때는 그 정당이 존폐의 위기에 놓였을 경우가 대부분이다. 그렇기에 '독이 든 성배'로 비유되기도 하고, 비상대책위원장으로 임명된 자 역시 선거 이후를 고민할 수밖에 없다.

실제로 문재인과 안철수가 정면으로 충돌하자 안철수가 탈당해 국민의당을 창당하면서 위기를 맞이했던 더불어민주당은 2016년 제20대 총선을 앞두고 새누리당 계열 인사였던 김종인을 비대위원장으로 영입하였다. 민주당 내 지지기반이 전무하다시피 했던 김종인은 '셀프 공천'이라는 비난을 감수하면서도 스스로를 비례대표 2번으로 공천하려다가, 당내외의 거센 반발에 직면해 우여곡

절을 겪은 사례도 있었다.

한동훈 역시 비상대책위원장 취임 전까지는 공직자로서만 살아와 국민의힘 당내에 정치적 기반이 거의 존재하지 않는 상황이었다. 그렇기에 총선 이후 정치적 영향력을 놓지 않을 수 있을 방안을 모색하리라는 것은 누구든 예상할 수 있는 것이었다. 한동훈이 비상대책위원장으로 취임하던 시기만 해도 이재명이 연동형 비례대표제를 유지할지 명확한 의사를 밝히지 않았기 때문에 김종인처럼 비례대표 앞번호도 충분히 고려할 수 있는 선택지였다. 그러나 한동훈은 국민의힘 비상대책위원장의 지위를 수락하면서 공개적으로 불출마 선언을 했다.

저는, 지역구에 출마하지 않겠습니다, 비례로도 출마하지 않겠습니다, 오직 동료 시민과 이 나라의 미래만 생각하면서 승리를 위해서 용기 있게 헌신하겠습니다. 저는, 승리를 위해 뭐든지 다 할 것이지만, 제가 그 승리의 과실을 가져가지는 않겠습니다.

_한동훈의 비대위원장 수락 연설문 중

서울에서 단 6석만 승리할 수 있다는 조사 보고서가 나왔음에도 선거 총책임자가 되었고, 최종적인 공천권까지 손에 쥔 자가 스스로 지역구로도, 비례로도 출마하지 않겠다고 공언한 것은 우리 정치사에서 찾아보기 힘든 신선함이었다. 국민의힘과 마찬가지로 총선 전망이 어두웠던 개혁신당의 천하람 총괄선거대책위원장이 자당의 비례대표 2번으로 공천되어 이번 22대 총선에서 당선된 것과 단적으로 비교된다.

한동훈은 스스로의 희생과 헌신만 말하지 않았다. 그는 제22대 총선에 출마하는 국민의힘 출마자 모두에게 불체포특권의 포기를 요구하였다. 그동안 우리나라 사람들은 국민은 가난해지는데 정치인만 점점 부자가 되는 상황을 비판해 왔다. 심지어 국회의원들은 죄를 지어도 불체포특권에 기반을 둔 방탄 국회를 활용해 체포조차 되지 않는다. 국민들은 이러한 불공정과 불의에 줄곧 분노해 왔다. 2022년 12월 28일 6,000만 원의 뇌물을 받은 혐의로 구속영장이 청구된 민주당 노웅래 의원에 대한 체포동의안이 민주당 의원들의 반대 몰표로 부결된 이후, 또 다른 야당인 정의당은 "비리·부패 혐의 국회의원에 대한 불체포특권은 폐지해야 한다"는 입장을 발표했다. 이후 이 사건은 진보 언론으로 분류되는 한겨레가 사설에서 다룰 정도로 전국민적 분노와 비판으로 이어지며 정치개혁에 대한 국민적 공감대를 형성해 냈다.***

불체포특권 포기 등 정치개혁 서약이 첨부된 공천장

한동훈의 정치개혁 시도는 윤관석, 이성만, 노웅래, 이재명까지 이어졌던 방탄국회 무력화를 위한 불체포특권 포기 서약에 그치지 않았다. 국회의원 세비를 국민 중위소득 수준으로 축소하는 것도 공약으로 제시하였다. 실제 우리나라 국회의원 1인당 연봉은 1억 5,500만 원에 이르며, 이는 미국, 일본, 독일 다음으로 높은 액수이고 국민소득 대비로는 가장 높다.

　이에 더하여 우리나라 국회의원은 무려 180여 개의 특권을 누린다. 국회의원이 누리는 특권 중 가장 황당한 것 중 하나는 무노동·무임금 원칙이 국회의원에게는 전혀 적용되지 않는다는 것이다. 현재 우리나라 국회의원은 국회 활동을 전혀 하지 않고 잠적해도, 범죄혐의로 구속되어도 언제나 세비와 지원금 등을 모두 수령할 수 있다. 입만 열면 국민의 공복이니 대표니 하면서도 국민과는 전혀 다른 계층인 것처럼 온갖 특권을 누리는 것에 대해 국민들이 혐오의 감정을 품는 것은 당연해 보인다. 문제는 이 같은 광범위한 정치 혐오가 국민들의 낮은 정치참여로 이어지고 있다는 점이다. 자유민주주의는 국민의 참여를 통해 정치가 일종의 생활이 될 때 지켜낼 수 있는 것인데, 정치 고관여층만 정치에 참여

＊ 〈[사설] 노웅래 체포동의안 부결, 국민 납득하겠나〉, 한겨레, 2022.12.28.

하다 보니, 이들에 의해 조직된 소수가 정치를 지배하는 사태가 반복된다.

반면 국회의원이나 지방의원 등 정치인의 특권을 거의 인정하지 않는 북유럽 국가들은 정치는 뜻이 있는 사람이 하는 것이 된다. 대부분의 국민 또한 정치에 생활처럼 참여하며 조직된 소수가 자유민주주의를 전체주의로 타락시키는 것을 막아내고 있다. 한동훈의 국회의원 세비 감축, 특권 폐지, 국회의사당 세종 이전은 모두 국회의원직의 매력을 낮춰 진정으로 공공에 봉사하겠단 의지가 있는 자들과 청년층이 정치에 적극적으로 참여할 길을 열겠다는 뜻이 담긴 개혁안이었다. 정치적 특권 계층과 전체주의 세력으로부터 자유민주주의를 지켜내겠다는 진심이 없는 한 내놓을 수 없는 종류의 공약들이다.

우리나라의 정치개혁은 국회의원에게 부여되는 황당한 수준의 특권을 폐지해야 하는 것에서부터 시작해야 한다고 생각한다. 그러나 국회의원 스스로가 당사자여서 그런가 특권이 줄어들기는커녕, 점차 현역 의원들의 특권을 강화하는 방향으로 변해갔다. 한동훈은 정치인 출신이 아니기에 여의도 문법이 아니라 국민의 목소리에 기반하여 정치개혁을 강력히 추진할 의지를 지니고 있었던 것으로 보인다. 총선 출마자들에게 불출마, 불체포특권 포기,

국회의원 세비 중위소득으로 감경에 이어 국회의원으로서 구속될 경우 세비를 지급받지 않겠다는 '무노동·무임금' 원칙 적용까지 서약할 것을 요구한 점은 한동훈의 정치가 향하는 방향이 여의도 기득권 정치인이 아니라 국민에게 있음을 보여준 사례다.

 과거 보수는 부패로 망하고, 진보는 분열로 망한다는 이야기가 완전히 뒤집어져 버린 상황에서, 부패한 진보세력과 다른 깨끗하고 개혁적인 보수 정치의 아젠다를 세운 것은 초기 한동훈 신드롬을 이끌어낸 가장 큰 동력 중 하나였다. 나 역시 이러한 한동훈의 비전에 동의하며, 공천 신청과 함께 기꺼이 불체포특권 포기 등 국회의원의 특권 포기에 서약했다. 나뿐만 아니라 사회 각계각층에서 한동훈이 불러낸 3040 영입인재들 모두 한동훈이 추진하고자 했던 정치개혁에 진심으로 동의하였다. 바로 얼마 전까지 우리는 정치인이 아닌 한 명의 국민으로서 국회의원이 가지는 과도한 특권에 대해 분노하고 있었기 때문이다.

 비록 국민의힘의 총선 패배로 한동훈이 이루고자 했던 정치개혁은 다시 표류하게 됐다. 하지만 국민이 정치개혁 문제에 대해 진정한 의지를 갖춘 한동훈과 같은 정치인을 선택한다면 국회의원만 가지는 이 황당한 특권들은 결국 사라지는 날이 올 수 있을 것이라 생각한다.

정치인이 아닌 비대위원들

한동훈의 비상대책위원회가 출범하며 언론들은 비대위원들이 어떻게 구성될지 촉각을 곤두세웠다. 한동훈은 우선 비서실장에 초선인 김형동 의원을 지명하였다. 그동안 비서실장에는 다선의 중진급 인사가 임명되었다는 점에서 한동훈의 이러한 지명은 새로운 변화를 예고하는 것이 분명했다.

한동훈이 비대위원장 수락 연설을 한 이틀 뒤인 12월 28일 비상대책위원과 주요 당직자를 발표하며, 아래와 같이 한동훈 비대위의 전모가 드러나게 된다.

비상대책위원: 윤재옥(1961년생, 원내대표, 3선), 유의동(1971년생, 3선), 김예지(1980년생, 초선), 민경우(1965년생, 운동권 출신), 김경율(1969년생, 회계사, 시민단체), 구자룡(1978년생, 변

호사), 장서정(1978년생, 자란다 대표), 한지아(1978년생, 의사),
박은식(1984년생, 의사), 윤도현(2002년생, SOL 대표)
사무총장: 장동혁(1969년생, 초선)
비서실장: 김형동(1975년생, 초선)

비상대책위원, 사무총장, 비서실장 총 13명 중 정치인은 5명뿐
이고 그중 초선이 3명이었다. 이 같은 인적 구성은 경력이 많은 정
치인 중심으로 비대위를 운영하지 않겠다는 강한 의지의 표현이
었다. 특히 70년대 이후 태어난 전문가들을 적극적으로 발탁함으
로써 한동훈표 총선 방향을 분명하게 보여주었다. 한편으로는 민
경우나 김경율과 같은 운동권 출신이나 야권과 가까운 시민단체
출신들을 영입하여 86세대 청산에 대한 강력한 의지도 드러냈다.

비상대책위원들 중 김경율 회계사는 나와 참여연대에서 함께 활
동했던 인사이다. 2012년 나는 법무법인 한결에서 실무 수습을 하
였다. 당시 한결에는 이제는 민주당 중진이 되어 있는 박주민 변
호사와 문재인 정부 당시 청와대 사회혁신비서관을 지낸 김성진
변호사 등이 있었다. 실무 수습을 하는 나를 눈여겨보던 이들은
민변과 참여연대의 내부 회의 등에 참석게 하였다. 나는 참여연대
시민경제위원회에서 좌우의 극심한 대립으로 나눠진 우리나라를

극복할 새로운 가능성을 발견할 수 있었다. 특히 홍익대학교 경제학과의 전성인 교수와 김경율 회계사는 고식적인 진보 의제에만 매몰되지 않고 시장경제 질서의 공정한 작동과 엄격한 법치주의 적용 등 보수우파의 의제에 대해서도 열린 자세를 보여주었다.

이에 나는 2012년부터 참여연대 시민경제위원회에서 주간 회의에 참여하였다. 2012년 겨울 박근혜 대통령이 대선에서 승리하면서 겨울까지 북적이던 참여연대가 갑자기 한적해졌다. 김남근 변호사, 전성인 교수, 김경율 회계사, 조혜경 박사 그리고 나까지 다섯 명이 회의를 하는 날이 많았다. 그래도 멤버가 조촐해진 만큼 멤버들 간 정이 돈독해지는 것 같아 좋았다.

진보적 시민단체였지만 시장경제와 법치주의를 부정하지 않는 참여연대가 흔들리기 시작한 것은 조국 사태를 겪으면서부터다. 조국 사태를 다루는 것과 관련하여 참여연대 내부에서는 상당한 논쟁이 있었다. 결국 조국 사태를 정면으로 다루자던 전성인 교수와 김경율 회계사가 그만두는 것으로 사태는 마무리되었고, 나 역시 그 후 참여연대와 인연을 끊었다.

이후 김경율 회계사는 전성인 교수, 조혜경 박사 등 참여연대 탈퇴 인사들과 함께 '경제민주주의21'이라는 새로운 시민단체를 조직하며 나에게도 참여를 권했다. 하지만 조국을 비롯해 내로라하는 진보 인사들에 대한 실망감으로 지친 나는 대한변호사협회에서 활동하는 길을 택했다. 김경율 회계사는 이후에도 지속적으로 세상에 할 말을 하였고, 2022년 제20대 대통령 선거에서 대장동 의혹을 제시하며 좌고우면하지 않는 모습을 보여주었다.

비록 김경율 회계사가 제20대 대통령 선거에서 이재명 후보에게 가장 타격이 될 의혹을 제시했다 하여도, 한동훈이 아니었다면 평생 진보진영에서 활동해 온 김경율 회계사가 일약 보수정당의 비대위원이 되는 것은 기대하기 어려웠을 것이라 생각한다. 하지만 김경율 회계사 역시 나처럼 소위 민주진보진영에 속한 자들의 위선을 똑똑히 지켜볼 수 있었고, 그들이 사리사욕을 위해 나라를 송두리째 흔들 수 있는 〈검수완박〉 같은 법안을 밀어붙이는 것에 대한 통렬한 문제의식을 지니고 있었다.

실제 김경율 회계사는 선거기간 내내 한동훈 비대위에서 내부를 향해서는 쓴소리를 하는 사람이자 민주당과 조국신당에 대해서는 정교한 저격수로 활동하였다. 그것은 김경율 회계사가 그동안 정치에 연을 가지고 있지 않았던 비(非)정치인이었기에 가능한 일이었다. 김경율 회계사의 이러한 입체적인 활동에 대하여 보수정당의 전통적 지지층은 비난의 목소리를 내기도 했지만, 보수의 전통적 지지층을 대표하던 자유통일당의 정당 득표율이 3%의 봉쇄조항조차 넘지 못했던 것을 생각하면 김경율 회계사처럼 이전에 보수에서 내지 않던 목소리를 내는 비대위원들이 금번 총선 초반 한동훈 비대위 신드롬을 만드는 데 기여한 것은 분명하다. 대부분 유권자들은 자신의 정의감을 다치지 않게 하면서 희망을 가질 수 있는 정치인이나 정치세력을 지지하고 싶어 하는데 그 부분을 김경율 회계사와 같은 사람들이 채워줬기 때문이다. 윤석열 대통령이 검사 시절 "나는 사람에 충성하지 않는다"고 발언함으로써 국민적 호감을 불러일으켰던 것을 복기한다면 한동훈 비대위의 위원으로서 김경율 회계사의 발언과 행동은 한동훈 비대위와 함께 달라진 보수의 이미지를 부여하기 충분했다.

비록 이종섭 사태로 인하여 이러한 신선한 변화와 혁신의 기운이 사라져 버렸지만, 김경율 회계사와 같은 레드팀이 존재하는 것이 눈으로 확인되는 정치세력을 국민들은 지지하기 마련임을, 초반 非정치인 중심의 한동훈 비대위 돌풍에서 다시금 확인할 수 있다. 만약 이러한 레드팀의 활동에 대해 선거 마지막까지 관대한 태도가 유지되었다면 이번 총선 결과는 분명 달라졌을 것이다.

험지로 가는 영입인재

나는 한동훈 비대위의 첫 번째 영입인재로 세상에 알려졌다. 2023년 12월 국민의힘 인재영입위원회의 영입 의사 타진과 수락에도 불구하고 갑작스러운 김기현 대표의 사퇴와 한동훈 비상대책위원장 취임으로 나의 인재영입은 공중에 뜬 상태가 되었다. 그러다 한동훈 비대위의 구성이 완료되고, 한동훈이 공동 인재영입위원장으로 취임한 이후인 2024년 1월 5일 국민의힘 인재영입위원회로부터 1월 8일 월요일 아침 인재영입위의 정식 의결 이후 인재영입식이 있을 것이란 연락을 받았다. 한동훈이 비대위원장과 공동 인재영입위원장에 취임한 이후 첫 인재영입위였고, 첫 인재영입식이었다. 1월 8일 영입식에 영입되는 인재의 규모 등에 대해 전혀 알지 못하는 상태에서 통보를 받은 셈이다.

그런데 어떤 이유에서였는지 1월 7일 일요일 새벽 《머니투데이》

의 단독 기사로 한동훈 비대위의 영입인재 1호로 보도되었다. 그러자 기자들로부터 하루 종일 수백 통의 전화를 받아야 했다. 아침에 일어나 보니 수백 통의 전화가 와 있는 경험은 그때까지 단한 번도 겪어보지 못한 일이었다. 그 후 아주 요란한 신고식을 치르며 초보 정치인으로서 새로운 삶이 시작되었다. 1월 8일 영입인재식에서 처음으로 윤석열 정부의 전직 장·차관 4명과 평교사 출신으로 한국교총 회장이 된 정성국 선생님을 만났다. 그전까지는 나에 대한 보도가 나온 이후 후속 보도로 나온 정성국 선생님 외에는 누가 나와 함께 영입인재가 되는지 전혀 알지 못했다. 이에 더해 김기현 대표 당시 영입되었지만 인재영입식은 하지 못했던 이수정 교수와 구자룡 변호사, 윤도현 SOL 대표 등이 함께 참여했다.

이날 총 10명의 영입인재에 대한 인재영입식이 열렸는데 이중 금번 총선에서 국회의원이 된 사람은 국민의미래 비례대표로 당선된 박충권 당선자와 부산진구갑에서 당선된 정성국 당선자 단두 명뿐이다. 수원정에서 출마한 이수정 후보, 원주을에서 출마한 김완섭 후보, 양천갑에서 출마한 구자룡 후보, 수원병에서 출마한 방문규 후보, 인천 서구갑에서 출마한 나는 모두 낙선했다. 여성가족부 차관이었던 이기순 전 차관과 농림축산부 장관이었던 정

2024.01.08. 인재영입식

황근 전 장관은 경선에서 탈락하였다.

금번에 출마한 영입인재들이 모두 험지라 불리는 지역에 출마한 것은 아니었다. 그러나 40명의 영입인재 중 강남지역에 출마한 3명과 부산에 출마한 1명만 지역구에서 당선된 것을 봐도, 대부분의 영입인재들은 험지 출마를 감행했다. 이 중 3040 세대 영입인재들에게는 몇 가지 공통점을 발견할 수 있다. 주로 수도권 험지인 지역구에서 태어났거나 자랐고, 이후 자수성가해 자신의 분야에서 나름의 전문성을 인정받았으며, 가정을 이루고 아이를 양육하고 있고, 태어나거나 성장한 험지 출마를 감행했다는 점이다.

나는 서울 구로구 가리봉동에서 태어났지만 세 살 때 인천 북구 청천동으로 이사를 갔다. 4살 때 인천 서구 가좌동의 가좌주공아파트 1단지로 온 뒤 유치원부터 초·중·고등학교를 모두 인천에서 다녔다. 현재 우리나라의 수도권 출신 3040 세대들 대부분은 지방에서 상경한 부모님을 따라 수도권의 여러 곳을 이사 다니며 자란 경우가 많다. 그러다 보니 부모 세대에 비하여 고향에 대한 귀소 의식이 특별히 강하지는 않다. 그래도 초·중·고등학교 학창 시절을 보낸 지역을 사실상 고향으로 인식하는 경향이 짙다. 개도국 막바지에 청소년기를 보낸 3040 세대들은 그때까지 존재하던 교육의 사다리를 타기 위해 치열한 경쟁을 해온 세대이다. 또한 저축의 미덕을 중요시하고, 청약통장을 통한 내집마련이 가능했던 최후의 세대이기도 하다. 성장한 지역과 무관하게 교과서를 중심으로 공교육만 충실히 받아도 교육의 사다리를 타고 원하는 꿈을 이룰 수 있고, 취업을 한 뒤 특별히 일확천금을 노리는 주식이나 코인 투자를 하지 않아도 착실히 저축하고 청약통장을 이용하면 아이가 학교를 갈 때쯤 내집마련을 할 수 있었다. 우리 영입인재들은 2010년대 이후 그러한 평범한 삶의 경로가 빠르게 무너지는 것을 다시금 되살리고자 하는 사명감을 공유하고 있었다.

여의도 문법과 국민의 문법

나는 2019년부터 2022년까지 대한변호사협회의 감사와 부협회장으로 재직하며 각종 입법과 관련해 국회를 오갈 기회가 많았다. 기사가 몰아주는 차를 타고 다닐 세대가 아니기에 국회를 갈 때면 어려운 국회 내 주차 문제 때문이라도 대부분 지하철을 이용하였다. 국회를 가본 사람들은 알겠지만 국회의사당역은 다른 역보다 깊어서 에스컬레이터를 타고 올라가도 국회 내부 목적지까지 도보로 가기에는 상당한 거리를 걸어야 한다. 그때마다 민의의 전당이라는 국회가 이렇게 구중궁궐처럼 깊숙이, 또 저토록 웅장하게 자리 잡을 이유가 있을까라는 의문을 품곤 했다.

라디오를 켜면 각종 시사프로그램들이 방송된다. 국회의원, 정치평론가, 기자, 작가, 변호사 등 수많은 정치 전문가들이 나와 대부분 인물에 대한 시시콜콜한 이야기를 나눈다. 유명한 정치인들이 한 번 했던 말과 행동을 가지고 마치 연예인들 뒷담화하듯 온갖 해석을 하며 비난한다. 인물 중심의 여의도 정치와 여의도 문법을 즐겨 보고 듣는 사람도 있겠지만 평범히 일상을 보내고 생업에 종사하는 사람들에게 이러한 이야기들은 대부분 공해처럼 느껴진다.

정치에 과몰입하고 정치에 깊숙이 발을 담근 고관여 계층 외 대부분의 국민에게 정치는 선거 때나 조금 관심이 생기는 냉소의 영역이 되어버린 지 오래다. 나만 해도 이번에 선거를 하며 정치인들이 이토록 고생하고 있음을 처음 알게 되었다. 새벽부터 심야 시간까지 길거리를 돌며 수없이 많은 사람들을 만나려 노력해도 새벽에 출근하고 야근과 함께 늦은 밤에 퇴근하는 직장인들을 만나기는 어려웠다. 그들을 만날 수 있는 공간은 아침저녁 출퇴근 인사 시간과 주말의 공원 등이 전부였으며 그나마도 피상적인 만남에 그쳐야 하는 경우가 많았다.

생각해 보면 나도 정치인이 아닐 때는 선거기간이라도 후보자를 만나는 경우가 극히 드물었다. 일과 중 주된 생활 공간은 선거구인 자택이 아니라 직장인 경우가 많았고, 자택 주변의 가게보다는 직장 근처의 가게에서 밥을 먹고 사람들을 만났다. 결국 TV와 인터넷 뉴스, 공보물만 보고 찍을 후보를 선택하였다. 그런 중에 TV

나 인터넷 뉴스 단신으로 나오는 정치인들이나 정치를 평하는 사람들은 매일 같이 시시콜콜한 문제들로 싸움만 하고 있으니 자연스럽게 정치 혐오에 빠지는 경우가 많다. 선거 때만 되면 쉽게 들을 수 있는 정치는 최선을 뽑는 것이 아니라 차악을 뽑는 것이라는 말에서도 국민들 사이에 퍼져 있는 강력한 수준의 정치 혐오를 발견할 수 있다.

한동훈은 등장과 함께 자신은 여의도 문법을 모른다는 이야기부터 하였다. 그리고 정말 여의도 정치인들이 하는 이야기와는 전혀 다른 이야기를 하기 시작했다. 여의도 정치인들이 주로 하는 비난의 화법과 고도의 말 돌리기 화법을 쓰지 않고 장삼이사의 평범한 국민이 서로 대화하는 듯한 화법의 말하기를 시작했다. 그것이 주는 신선함은 대단한 것이었다. 한동훈이 이러한 화법을 유지할 수 있는 동안 국민의힘 지지율은 고공행진을 이어갔다. 총선 전망 또한 매우 밝았다.

그러나 2024년 3월 초 이종섭 전 호주대사의 호주대사 임명 및 출국과 이어진 대파 논쟁으로 국민의힘의 총선 전망이 급격히 어두워지기 시작하며 점차 한동훈의 화법 또한 여의도 문법과 유사한 비난의 화법으로 변해가기 시작했다. 운동권 특권 세력에 대한 정교한 심판을 이야기하던 과거와 달리 범죄자인 이·조를 심판해야 한다는 이야기는 전통적인 국민의힘 지지층의 지지를 결집하는 데 도움을 주었지만, 평범한 중도층 유권자들에게는 실망감을 안겨주는 양날의 검이 되었다. 돌이켜보면 개헌저지선이자 탄핵저지선인 100석을 지키기 위해 마지막 극약 처방인 이·조 심판론을 꺼낼 수밖에 없었던 상황이 이해는 된다. 하지만 보수가 다시 수권정당으로 도약하기 위해서는 지난 2월까지 한동훈이 보여준 신선한 국민의 문법으로 말하는 정치인이 보수 내부에서 늘어야 할 것이다.

내가 지역구를 돌고 명함을 건네며 가장 좋은 분위기를 자아낸 말이 "싸우지 않겠습니다. 일하겠습니다"였다. 조금은 투박할지라도 솔직하고 꾸밈없이 나아가야 한다. 말꼬리 잡는 싸움을 하지 않고 국민의 문법으로 이야기하는 정치인이 많아지기를 우리 국민은 진심으로 바라고 있었다.

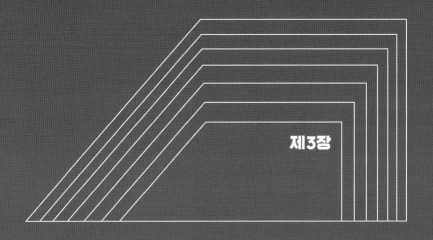

제3장

봄꽃처럼
사라져간
보수의 꿈

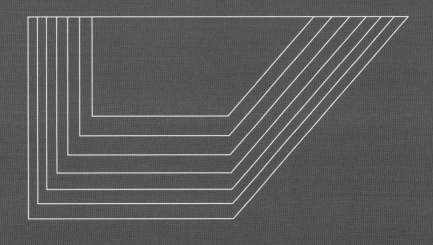

이종섭과 함께 무너진 보수의 가치

안보는 보수의 가장 중요한 의제라 할 수 있다. 다른 것은 몰라도 안보만큼은 보수가 진보세력에 비해 절대적인 우위에 오를 수 있는 주제이다. 북한과 중국, 러시아 등에 대한 낭만적 접근의 함정에 빠지기 쉬운 진보세력에 비해 가치에 기반한 확고한 국제적 연대 추구를 내세울 수 있다는 점에서도 진보세력보다 국민에게 더 많은 호감을 불러낼 수 있다. 아직 우리나라 사람들은 자유민주주의와 시장경제 가치를 공유하는 국가들과의 연대가 더 바람직하다고 생각한다. 그런 것을 알기에 그동안 우리나라 보수정당들은 선거 때만 되면 국가안보의 가치를 강조했고, 진보세력이 집권하거나 다수당이 될 경우 안보상 위험이 발생할 수 있음을 이야기했으며 진보세력은 그러한 불안을 불식시키기 위해 노력하였다.

그러나 이번 총선은 달랐다. 안보와 군에 관한 이야기가 보수 정치를 완전히 무너뜨렸다. 이종섭이 호주대사로 임명된 3월 4일에 대한 기억은 아직도 생생하다. 채상병 순직 사건에 대한 공수처의 수사가 진행 중인 상황에서 피의자로 출국금지까지 된 이종섭 전 국방부 장관이 호주대사로 임명된 것이다. 안보를 최우선으로 하는 보수가 수해 구조를 하다 사망한 장병 수사가 마무리되기도 전에 이런 결정을 했다는 것이 도무지 믿기지 않았다. 이어서 터진 황상무의 '회칼 테러' 발언은 그냥 보지도 듣지도 않은 것으로 하고 싶을 수준이었다. 도무지 상식적이지 않은 행동과 발언들이 공중파 뉴스를 통해 계속해서 송출되었다. 내가 아무리 열심히 선거 운동을 해도 한번 만나기 쉽지 않은 사람들, 신축 아파트에 거주하며 출퇴근하며 직장생활을 하는 사람들은 집에서 가족들과 저녁을 먹으며 그 뉴스를 볼 것이었다. 그리고 이종섭, 황상무와 나를 동일시하며 판단할 것이었다.

개인적으로 우리나라에는 입시, 병역, 부동산이라는 국민의 3대 역린이 있다고 생각한다. 권력에도 역린이 있듯 국민에게도 역린이 있고, 민주주의 국가인 대한민국에서 국민의 역린을 건드리는 정치세력은 반드시 강한 심판을 받아왔다. 금번 총선에서 2월까지만 해도 시간은 좀 흘렀지만, 국민의 역린을 건드린 세력은 분명히 민주당이었다. 직전 정부인 문재인 정부는 전국적으로 부동산 가격을 폭등시켜 3040 세대들이 부동산을 소유할 수 있다는 꿈 자체를 완전히 밟아버렸고, 그 와중에 민주당 이재명 대표에게서 떨어지지 않는 대장동 개발 의혹까지 겹쳐 있었다. 조국은 자녀의 입시 비리에 연루되며 항소심에서까지 징역 2년의 실형을 선고받기도 했다. 그랬기에 자연스럽게 야당 심판론과 운동권 심판론을 외칠 수 있었다. 그런데 병역의 의무를 이행하다가, 심지어 수해 구조라는 대민봉사를 하다가 억울하게 사망한 병사의 원한을 1년 넘게 제대로 풀어주지 못하고, 심지어 은폐하는 듯한 인상을 국민에게 주었으니 민심이 싸늘하게 식는 것은 당연하다. 실제로 3월 4일 이후 선거운동을 하며 유권자들로부터 이종섭에 대해 어떻게 생각하냐는 질문을 반복적으로 받아야 했다. 공군 정훈 공보장교로 40개월 넘게 군 복무를 한 입장에서 병사가 병역의 의무를 다하는 도중에 비극적 죽음을 맞이했는데 그 진상을 철저히 밝혀내는 것은 국가의 책무라 생각하며, 국회의원이 된다면 이 문제만큼은 결코 양보하지 않을 것이라는 답변을 반복했지만 싸늘해진 민심을 되돌리긴 역부족이었다.

기어코 이종섭이 호주 브리즈번으로 출국한 3월 10일로부터 닷새가 흐른 뒤인 3월 15일 한동훈 전 비대위원장은 이종섭의 귀국과 수사를 종용하였다. 그러나 이러한 한동훈 전 비대위원장의 요구가 실현된 것은 불과 선거를 보름여 앞둔 3월 29일이었고, 그나마도 이종섭의 사임과 대통령의 면직 재가라는 방식을 통해서 였다. 그래도 국민과 끝까지 맞서지 않고, 국민의 요구에 귀를 기울이는 모습을 보였다는 점에서 다행이었지만 선거판의 분위기는 완전히 기울고 있었다.

보수가 다른 것도 아니고 국가안보와 관련된 이슈에서 국민의 역린을 건드리는 일이 다시 반복되어서는 안 된다. 대한민국 국민 중 절반인 남성의 대부분은 병역의 의무를 이미 마쳤거나 행하는 중이다. 이는 오직 애국심에 기반한 국가에 대한 온전한 희생이다. 나는 공군장교로 복무하며 종종 병사들에 대한 사회적 냉대와 낮은 처우에 분개했다. 추운 겨울 얼기설기 바느질로 기운 체련복을 입고 배수로 안의 낙엽을 긁어내는 병사를 데리고 비행단의 빵집에 데려가 커피와 케이크를 사주며 장교 피복비로 체련복을 따로 사주기도 했다. 나도 의무복무를 하는 처지지만 그래도 최소한의 인격적 대우는 유지되는 장교들에 비해 병사들의 처지는 열악하기 그지없다. 명령에 따라 구명복도 입지 않고 홍수로 군데군데 급물살이 휘몰아치는 물속으로 들어간 병사들의 마음이 어떠했을지 감히 상상도 되지 않는다. 그럼에도 그것도 명령이라고 저항하지 않고 따르는 병사들의 애국심의 크기에 숙연함까지 느낀다. 나는 우리 보수가 이들 병사들의 애국심을 진보보다 더 대우하고 인정하길 바란다. 말이 아니라 행동으로 그렇게 하기를 바란다. 그래야 국가를 위해 기꺼이 희생할 각오가 되어 있는 청년들과 그 청년의 부모들의 지지를 되찾아올 수 있을 것이다.

선거는 패배했지만 적어도 채상병 순직 사건에 대해서만큼은 국민이 납득할 만한 철저한 진상조사과 관련자 처벌 등의 후속 조치가 있어야 한다. 이것은 보수 정치의 부활이라는 정략적 판단과 무관하게 우리나라의 튼튼한 안보와 국방 그리고 국익을 위해서도 반드시 그리해야만 하는 일이다.

대파, 역린을 건드리다

2024년 3월 30일 한동훈 비대위원장은 내가 출마한 인천 서구갑에 위치한 정서진 중앙시장으로 지원유세를 왔다. 한동훈 비대위원장의 대중적 인기에 힘입어 유세 현장의 열기는 뜨거웠다. 이런저런 위치에서 찍은 사진이 필요했던 나는 선거운동원 중 일부에게 사복을 입고 다양한 각도에서 사진을 찍을 것을 사전에 지시해 두었다. 선거운동원 중 한 명은 정서진 중앙시장의 떡볶이 가게 앞에서 떡볶이를 먹으며 대기를 하고 있었는데 돌연 떡볶이집 사장님의 불만과 분노를 접했다고 한다. "장사도 되지 않는데 뭘 좋게 하지도 못할 거면서 영업 방해나 한다"고 말하던 그 사장님은 한참 요즘 경기가 얼마나 좋지 않은지, 물가가 얼마나 올랐는지 손님들에게 이야기했다. 그런데 잠시 후 일수를 받아 가는 아저씨가 나타나며 돌연 분위기가 변했다고 한다. 그날의 일수금을 갚을 수 없었던 사장님은 '달돈' 갚는 날짜를 조금 미뤄줄 것을 통사정했다. 나의 선거운동원은 지원 유세가 끝난 후 유세차의 쩌렁쩌렁한 연설 소리와 밑바닥 민생의 험난한 상황이 극적인 대비를 이루었다고 말해 주었다. 이것이 바로 우리가 마주했던 현장의 생생한 분위기였다.

윤석열 정부 출범 이후 대외적인 경제 환경은 우리나라에게 매우 불리하게 전개되었다. 2022년 2월 갑작스럽게 시작된 러시아-우크라이나 전쟁으로 원유 가격과 곡물값 등이 전 세계적으로 폭등했다. 미국은 코로나 유동성을 회수하는 차원에서 금리를 매우 빠르게 인상했다. 금리는 크게 오르는데 코로나 유동성의 영향은 여전히 시장에 남아 물가는 오르는 상황이 이어졌다. 전쟁으로 인한 원자재 가격 폭등까지 겹치며 인플레이션이 진정될 기미는 없었다. 대부분 우리나라 정부가 어찌할 수 없는 외생변수들에 의한 경제난이었지만 국민들이 느끼기에는 정부가 제대로 못 해서 그런 것이라 생각할 수밖에 없는 일이었다. 선거운동을 하며, 이전의 선거운동에도 참여했던 운동원들에게 2년 전의 지방선거에 비해 상점가와 가게들에 사람들이 없어도 너무 없다는 소리를 계속 전해 들어야 했다. 실제 나는 2년 전 지방선거와 비슷한 경로로 이동하며 비슷한 횟수로 상점들을 방문하였음에도 2년 전보다

4만여 장이 줄어든 7만여 장의 명함을 돌릴 수 있었다. 4만여 명의 사람들이 단 2년 사이에 길거리에서 사라져 버린 것이다. 물론 하루의 선거운동을 마치고 캠프로 돌아올 때면 유권자들의 반응이 나쁘지만은 않고 희망적이라는 말을 전해주는 운동원들도 있었다. 하지만 그때마다 나는 식당에도 술집에도 가지 못하고 집에만 머물 수밖에 없는 경제 환경에 놓인 사람들의 민심이 두렵다는 이야기를 반복했다. 하루는 아침 출근 인사를 끝내고 김밥을 먹으며 김밥집 사장님과 대화를 하는데, 사장님께서 김 가격이 너무 올라서 큰일이라는 이야기를 했다. 나는 코로나 유동성으로 인해 모든 물가가 모두 올랐다고 하니 국가가 지원금을 마구 퍼주는 것의 부작용이 너무 크다고 답변하였다. 대파 가격이 이슈가 되기 전에는 이런 답변을 이해해 주는 분위기가 있었다.

하지만 3월 18일 이후 모든 것이 변했다. 윤석열 대통령은 3월 13일 치솟는 채소류와 과일값을 진정시키도록 관련 부처에 물가 안정 대책을 지시했다. 그리고 닷새 뒤인 18일 서울농협 하나로마트 양재점을 찾았다. 윤 대통령이 채소 판매장을 방문해 백오이 등의 가격을 확인한 뒤 대파 한 단을 치켜들자 농협유통 대표는 "원래 가격은 1,700원 정도 해야 하는데, 저희가 875원에 했습니다"고 설명했다. 그러자 윤 대통령은 "여기 하나로마트는 이렇게 하는데, 다른 데서 이렇게 싸게 사기 어려운 거 아니에요?"라고 물었다. 강호동 농협중앙회장과 송미령 농림축산식품부 장관은 각각 "원래는 2,550원" "한창 비쌀 때는 3,900원까지 했다"고 답했다. 당시 하나로마트는 한 단에 4,250원이던 대파를 정부 지원금 2,000원(납품단가 지원)에 자체 할인 1,000원과 농산물할인지원 쿠폰 375원을 더해 875원에 판매 중이었다. 그들의 말을 듣고 윤 대통령은 "저도 시장을 많이 가봐서 대파 875원이면 그냥 합리적인 가격이라는 생각이 든다"고 했다. 바로 이 마지막 말이 뉴스에 나왔다. 전체적인 대화의 흐름을 살펴보면 대화의 맥락상 충분히 가능한 발언이었다. 하지만 이미 대파 한 단에 수천 원을 넘어가고 밥상 물가가 하염없이 치솟는 상황에서 분노한 국민들에게 그런 맥락을 고려할 여유는 없었다. "875원이면 그냥 합리적인 가격이라는 생각이 든다"는 대통령의 잘려진 마지막 발언으로 촉발된 대파 가격 논쟁은 우리의 총선을 끝장냈다.

맥락을 고려하지 않은 보도가 원망스러울 수 있는 상황이다. 하지만 애초 생활 물가가 너무 높아서 터져 나올 수밖에 없었던 유권자의 불만이 대통령의 대파 가격 발언으로 점화되었다고 보는 것이 더 정확할 것이다. 민주당과 조국신당은 이 이슈를 놓치지 않았다. 진보 매체들은 일제히 정부 여당이 민생에 대해 무지하다는 것을 강조하는 보도를 쏟아냈고 지지자들은 대파 핀 등 굿즈까지 만들어 대파를 선거 이슈로 띄워 올렸다. 안 그래도 매일 저녁 시장에서 장을 보며 오른 물가에 고통을 받던 국민들 역시 대파 가격도 모르는 정부 여당을 심판해야 한다는 흐름에 동참했다. 이 때부터 선거운동을 하러 나가면 하루에 한두 번쯤은 대파 가격을 묻는 유권자들을 만났다. 대파 가격과 같은 물가 상승이 전쟁으로 인한 원자재 가격 상승, 코로나 시기 퍼주기 복지에 들어간 돈 풀기의 영향임을 설명해도 그런 것은 정부가 잡을 수 있어야 한다는 '정부 무능론' 앞에 말문이 막히는 경우가 많았다. 대파값 사태는 이종섭 사건과 더불어 정부 여당을 무능하다고 인식하게 만든 대표적 사건이었다.

한편으로 국민들이 직접적으로 고통받는 고물가와 같은 민생에 대해 민감하게 다루지 않는 것은 국민의 역린을 건드리는 것이 될 수 있음을 가르쳐 주었다. 이미 이종섭 사건으로 치명적인 타격을 입은 상황에서 대파값 사태는 국민의힘의 선거 전망을 되돌릴 수 없을 정도로 악화시켰다. 더구나 민주당은 이토록 분노한 국민 앞에 기상천외하면서 올바르지도 않은 해결책을 제시하여 자신들에 대한 국민의 지지를 최대한도로 끌어 올리기 시작했다.

25만 원 현금성 복지의 파괴력

2000년대 초반 대한민국의 진보 언론들은 중남미의 두 지도자를 매우 칭송하였다. 바로 브라질의 룰라와 베네수엘라의 차베스였다. 2003년 3번의 낙선 끝에 드디어 브라질 대통령이 된 룰라는 8년여의 재임 동안 브라질의 국가 부채 문제를 해결하고 브라질을 세계 8위의 경제 대국의 반열에 올리면서도 강력한 복지정책을 현실화하였다. 덕분에 그는 퇴임하는 순간까지 국민으로부터 전폭적인 지지를 받을 수 있었다. 특히 "왜 부자들을 돕는 것은 투자라고 하며, 가난한 이들을 돕는 것은 비용이라 합니까?"라고 말한 것은 지금까지도 우리나라 진보진영 인사들의 사고에 지대한 영향을 끼치고 있다. 룰라의 정책 중 가장 대표적인 것은 '보우사 파밀리아' 정책이었다. 룰라는 대대적으로 빈곤층에게 생활보조금을 지급하는 정책을 펼치며, 아이를 학교에 보내야 하는 것을 조건으로 내걸었다. 아이의 결석률이 15% 이상이면 생활보조금 지급을 보류하는 이 정책은 빈곤층이 복지에 익숙해져 빈곤의 악순환에 빠지는 것을 막아냈다는 점에서 전 세계적으로 호평을 받았다. 실제 '보우사 파밀리아' 정책의 실시 이후 브라질의 악명높은 아동노동이 근절되기 시작했으며, 빈곤층의 자녀들도 제대로 된 학교교육을 받기 시작하였다.

그러나 빈곤층에 대한 현금성 복지 지원을 기반으로 한 룰라의 정책들은 세계 원자재 가격이 하락하면서 파탄의 길에 접어들고 만다. 룰라의 후계자인 지우마 호세프 대통령 시기 원자재 가격이 하락하며 원자재 수출로 경제를 지탱하던 브라질 경제는 치명적인 위기에 빠져들었다. 룰라는 현금성 복지정책을 대대적으로 실시하면서도 불황에 대비한 증세를 실시하지 않았는데, 원자재 가격이 하락하며 현금성 복지정책들을 유지하기 어려워졌다. 결국 경제위기와 함께 룰라가 시작한 복지정책을 제대로 시행하지 못하게 된 지우마 호세프 대통령은 탄핵으로 물러나야 했다.

한편 차베스는 룰라보다 더 과격했고, 룰라보다 더 잔인했으며, 룰라보다 더 심각하게 국가를 무너뜨렸다. 그는 1992년 페레스 정권의 지지율이 떨어지자 중령 계급으로 쿠데타를 일으켰다가 실패하였다. 1994년 페레스의 후임 칼데라 대통령의 사면으로 석방

된 뒤 1998년 '21세기 사회주의'를 외치며 대통령에 당선되었다. 차베스 집권 초기는 전 세계적인 고유가 시기였고, 한때 세계 2위의 산유국이었던 베네수엘라였기에 석유를 수출하여 많은 돈을 벌어들일 수 있었다. 차베스는 그 돈으로 포퓰리즘적 복지정책을 마구잡이로 실시하였다. 또한 중남미 국가들에게 영원한 숙제처럼 여겨진 미국과의 관계에서도 선명한 반미 자주 노선을 유지하여 국민들의 열광적 지지를 끌어냈다.

그러나 2010년대에 접어들며 전 세계 유가가 폭락하기 시작하였고, 원유 수출 외의 별다른 산업을 발전시키지 못한 베네수엘라의 경제는 바닥을 모르고 추락하기 시작했다. 경제난과 함께 10년이 넘어가는 차베스 독재에 항의하는 목소리가 나왔지만 차베스는 강력한 언론 탄압과 잔인한 시위 진압 등의 방법으로 자신의 독재 권력을 유지해 나갔다. 차베스의 끝을 모를 권력 의지는 2013년 골육종으로 차베스 본인이 사망할 때까지 결코 멈추지 않았다.

50여 년 전 GDP 기준 세계 4위의 경제 대국이었던 베네수엘라는 차베스 정권을 거치며 세계 최빈국으로 전락하고 말았다. 2018년 베네수엘라는 60,000% 이상의 초인플레이션을 기록했고, 화폐는 휴지 조각보다 못한 취급을 받았다. 생필품 가격이 폭등하면서 상점가는 약탈에 시달려야 했고, 시민들은 쓰레기통을 뒤지며 먹을 것을 구했다. 영양실조로 인한 영유아 사망률이 급증했고, 베네수엘라의 여성과 아이들은 성매매와 구걸에 나서야 했다. 2021년 베네수엘라 빈곤층은 94.5%에 달했으며, 국가의 치안도 붕괴 수준에 이르러 한동안 전 세계 살인율 1위를 차지했다.

재미있는 것은 2000년대 초반 우리나라 진보진영에서는 이러한 룰라와 차베스를 배워야 한다는 풍조가 있었단 점이다. 차베스는 이른바 '21세기 사회주의'를 내세웠는데 그가 내세운 '21세기 사회주의'는 국가 중심의 '20세기 사회주의'와 달리 인민의 주체적 참여에 기초한 공동체 사회주의를 지향한다는 점에서 특이점을 갖는다. 그는 소련, 중국, 북한, 쿠바 등 현실 사회주의 국가의 사회주의가 실패한 것은 사회주의 운영의 주체를 인민과 인민의 공동체가 아닌 국가를 중심으로 상정했기 때문이라 보았다. 이에 주민평의회를 중심으로 국가를 운영해 나가고자 했다. 그동안 소외되고 주변화되었던 평범한 시민들이 주민평의회에 참여하여 의사결정을 내리고 국가 예산의 일부를 자체적으로 결정하여 사용하는 주민평의회는 차베스의 '21세기 사회주의'를 상징하는 제도라 할 수 있다. 또한 주민평의회와 같은 의사결정 구조와 지배구조가 기업에도 적용되는 협동조합을 장려하고, 차베스 정부가 설립한 국영 상점에서는 대부분의 물건을 반값에 판매하는 정책을 시행했다. 마지막으로 사회적 소유화를 명분으로 하여 주요 산업을 모조리 국유화하였다.

초창기 차베스의 이러한 정책은 우리나라뿐 아니라 전 세계 진보좌파 지식인들의 열렬한 찬사를 받았다. 노벨 경제학상을 받았고 힐러리 클린턴의 경제 고문이던 조지프 스티글리츠는 "차베스는 빈민들에게 의료와 교육 복지를 구현하는 데 성공했다"며 "지속 가능한 성장 못지않게 분배가 중요하다"고 강조했다. 영국 노동당의 제레미 코빈 당수는 "차베스가 신자유주의를 강력히 거부하여 가난을 압도적으로 정복해 나가고 있다"고 말하였다. 미국 민주당 대통령 후보 경선에 나섰던 버니 샌더스는 "아메리칸드림은 미국이 아니라 베네수엘라에서 실현되고 있다. 베네수엘라에서는 국민들이 평등하게 살고 있다"고 말했다.

국내에서도 진보좌파 진영 정치인과 지식인을 중심으로 차베스에 대한 상찬이 이어졌는데 2006년 정연주 KBS 사장 재임 시 KBS는 〈신자유주의를 넘어서, 차베스의 도전〉이라는 다큐멘터리를 방송했다. 2007년 민주노동당 주최 대선전략 토론회에서 현재 서울시 교육감을 하고 있는 조희연 당시 성공회대 교수는 "차베스를 배워야 한다"고 주장했다.

2007년 3월 27일자 《한겨레 21》은 〈베네수엘라 국민에게 길을 묻자〉라는 기사를 내었고, 《차베스, 미국과 맞짱 뜨다》《민중의 호민관 차베스》《베네수엘라, 혁명의 역사를 다시 쓰다》 등의 책이

앞다퉈 출간되었다. 21세기 우리나라 진보좌파 진영에게 가장 큰 영향을 준 외국 정치인은 차베스라 해도 과언이 아니다.

실제 차베스의 철학은 연이은 민주당 정부와 민주당 다수 의회를 통해 우리나라에서 차근차근 현실화되고 있는 중이다. 차베스의 주민평의회는 민주당의 주민자치기본법 입법 노력 및 주민자치 조직 활성화를 통해, 협동조합은 사회적 협동조합을 기반으로 한 사회적 경제 구축을 통해 하나둘 우리나라에 뿌리내리고 있다. 물론 이들 제도 자체를 이념적으로 매도하거나 차베스의 구상이니 무조건 문제가 있다고 생각하는 것은 바람직하지 못하다. 실제 사회적 경제나 주민자치는 굳이 베네수엘라가 아니더라도 많은 서구 선진 국가들에서 장려되고 시행되는 것이기도 하다. 다만 이들 조직을 친 민주당 지역 세포 조직으로 활용하며 반자본주의 풍조를 확산시키는 것은 시장경제 질서 자체를 도외시하다 궁극적으로 경제적 파탄을 맞이한 차베스의 길로 이어질 수 있다는 측면에서 분명한 위험성을 지니고 있다.

더 심각한 문제는 코로나 시기 민주당이 살포한 재난지원금이란 현금성 복지에 국민들이 길들여지는 것이다. 룰라의 브라질, 차베스의 베네수엘라 그리고 이들 포퓰리즘의 선배 격이었던 페론의 아르헨티나는 모두 시장경제 질서에 있어 마약과도 같은 현금성 복지에 손을 대었다. 일종의 보편 복지로 시행된 이들 현금성 복지는 당장의 달콤함을 국민들에게 선사한 대신, 국가의 성장동력을 완전히 무너뜨리고 국민의 노동 의지를 꺾어버렸다. 문재인 정부는 코로나 지원금 외에도 다양한 종류의 현금성 복지정책을 강화했다. 이로 인해 집값과 물가가 급등하는 현상이 발생했음에도 국민들은 문재인 정부가 살포하던 다양한 현금성 복지가 줄어들었다는 이유만으로도 후임 윤석열 정부를 비난하였다. 그리고 이미 현금성 복지에 길들여진 사람들은 지금 당장의 어려움은 피하게 해줄 수 있는 새로운 현금성 복지를 제시하는 후보와 정치세력을 열렬히 지지하는 모습을 보여주고 있다.

대파값으로 흔들리기 시작한 국민의힘은 이재명 민주당 대표의 '전 국민 25만 원 지원금 지급' 공약으로 결정타를 맞는다. 1인당 25만 원은 어떤 사람에게는 많지 않은 돈일 수 있다. 그러나 하루하루 갚아야 할 일수금도 맞춰주지 못하는 소상공인에게는 가뭄의 단비와 같은 지원금일 수 있다. 또 이렇게 풀린 돈을 바로 소비한다면 일시적으로 경제가 활성화되는 듯한 착각을 불러올 수도 있다. 코로나 시기 문재인 정부는 수차례 반복적으로 지급한 재난지원금으로 이러한 착시 효과를 일으켰고, 국민들은 이를 통해 재난지원금의 단기적 순기능에 대해 확실히 학습하였다. 이재명 민주당 대표의 전 국민 25만 원 지원금 지급 공약은 코로나 시기 학습한 그 효과를 상기시키기에 충분한 것이었다.

나는 이 시기 길거리 선거운동을 다니며, "민주당은 25만 원 준다는데 국민의힘은 30만 원은 줘야 하는 거 아냐? 너희들끼리 해쳐 먹느라고 못 주는 거지?"와 같은 말을 들어야 했다. 경기도에 출마한 다른 후보는 "민주당이 25만 원을 준다고 하면 국민의힘은 50만 원은 준다고 해야지, 선거인데 나중에 못 줘도 일단 준다고 해야지"라는 핀잔을 들었다고 한다. 코로나 유동성이 끊기고 고금리가 이어지는 와중에 고물가까지 이어지며 너무도 고통받는 국민들이 당연히 나올 수 있는 반응이라 할 수 있다. 그러나 국민들의 이런 당연한 반응에도 불구하고 진정 국가를 생각하는 정치세력이라면 매표 행위로 보일 수도 있는 이러한 황당한 선거 공약은 선거 때 결코 내걸지 말아야 한다.

그러나 2000년대 초반 차베스를 그토록 본받고자 노력하고 공부했던 우리나라의 진보좌파들은 그 정도 수준의 애국심과 상식마저 잃고 있었다. 앞으로 선거를 앞두고 당연한 것이 될 듯한 민주당의 포퓰리즘적 현금성 복지 공약에 대해 그래도 국가를 먼저 생각하고 지켜나가려는 보수 정치세력이 어떻게 대응해야 할지, 금번 선거는 우리나라의 보수 정치세력이 정말 풀기 어려운 숙제를 하나 남겨 주었다고 생각한다.

'이조심판' 마지막 결집의 힘

국민의힘 총선 전망은 3월 말이 되면서 급격히 어두워진다. 2월까지 나의 지역구에서 맞붙을 민주당 후보는 결정되지 않았다. 민주당에서는 나와 대결할 잠재 후보군 이름 몇 명과 나를 비교하는 여론조사를 계속해서 진행하였다. 어느 날 김남근 변호사와 나에 대한 여론조사가 시행되고 나면, 다른 날에는 박남춘 전 인천시장과 나에 대한 여론조사가 실시되었다. 여론조사의 특성상 시행될 때마다 그 여론조사 전화를 받은 우리 측 당원이나 지지자들에게도 연락이 왔고, 그분들이 캠프에 이러한 여론조사가 있음을 알려주었다. 그렇게 몇 번이나 2~3명의 민주당 후보군과 나에 대한 1:1 여론조사가 진행되었다. 어떻게든 나를 이길 수 있는 최적의 후보를 내세우려는 민주당의 노력이 느껴졌다. 당시 인천의 지역 판세는 양당 모두 7:7 정도가 될 것이라고 분석하고 있었고, 내

선거구는 민주당이 나를 상대할 후보를 정하기 어려울 정도로 나에게 유리한 상황이었다.

결국 3월 2일 심야의 결정으로 나의 상대는 현역인 김교흥 의원으로 확정되었다. 그리고 3월 4일부터 이종섭과 대파 사태가 잇달아 터진다. 3월 4일 이후 국민의힘에 대한 지지율은 하루가 다르게 곤두박질치기 시작했다. 과반을 넘어서는 것이 가능할 것으로 보였던 3월 초와 달리 3월 말 공식 선거운동 기간을 시작할 때쯤에는 개헌저지선인 100석을 지키는 것도 힘들어졌다. 당연히 나의 선거도 힘들어졌다. 내가 출마한 선거구만 해도 3월 초에는 박빙으로 당선 가능한 곳이라고 분석되었으나, 3월 말에는 15% 정도 차이로 열세라는 분석이 나왔다. 인천시당에서는 후보들에게만 여의도연구원의 여론조사 결과를 알려줬지만, 나는 이를 선거가 끝날 때까지 조용히 덮어두고 더 열심히 선거운동에 매진하였다. 패배를 예정하며 싸우는 선거운동만큼 처절한 것은 없다. 비록 내가 패배한다고 하더라도 나의 분전은 국민의힘이 개헌저지선을 지키는 데 도움을 줄 것이라 생각했기 때문이다. 아마도 수도권에서 낙선한 우리 당 후보들 대부분이 그런 생각으로 마지막 몇 주간을 버텼으리라 생각한다.

이맘때부터 중앙당에서는 '이조심판론'을 내놓기 시작했다. 양문

석과 김준혁에 대한 심판론도 나왔지만 이조심판론이 확실히 중심에 놓이기는 했다. 대파 논쟁이 있긴 했지만 이재명의 '전 국민 25만 원 지급' 공약이 강력한 설득력을 가지는 것도 황당했다. 무엇보다 항소심에서도 징역 2년 실형을 선고받은 조국이 역으로 정권심판론을 들고나오는 것은 상식인의 기준에서 어이가 없었다. 특히 박근혜 대통령 탄핵으로 보수정당이 궤멸하는 상황에서도 꿋꿋이 당을 지켜온 국민의힘 전통 지지층에게 "3년도 너무 길다"는 조국혁신당의 캠페인은 경악스럽게 느껴지고 있었다. 이조심판론은 조국혁신당의 캠페인에 대한 정당한 대응이었고, 국민의힘 전통 지지층을 다시 한번 결집시키는 거대한 명분이었다. 나는 선거 막판 집중적으로 노인정을 다니며 탄핵과 개헌을 막기 위해 국민의힘에 마지막 지지를 보내주실 것을 진심으로 호소하였다. 길거리에서 우리 당 지지자로 보이는 어르신을 만나면 넙죽 큰절부터 드렸다. 민주당계 정당 200석 달성이 목전에 와 있었고, 이를 막기 위해서는 우리 전통 지지층의 총결집밖에는 답이 없었다. 실제 한동훈 비대위원장이 수차례 방문했던 지역구 후보의 이야기를 들어보면, 처음 방문했을 때와 마지막 방문했을 때의 메시지가 전혀 달랐다고 한다. 3월 말과 4월 초의 상황은 한가하게 정책 선거를 논할 상황이 아니었다.

나는 전통 지지층의 결집을 위한 선거운동을 하며 몇 가지 인상적인 장면들과 마주쳤다. 그중 가장 깊이 새긴 장면은 폐지와 고철을 길에서 모으던 어떤 할머니 한 분과의 만남이었다. 할머니는 자기 몸집의 몇 배가 넘는 높이의 폐지와 고철이 담긴 수레를 끌고 위태로이 도로변을 걷고 계셨다. 순간 강한 바람에 폐지 중 일부가 도로로 날아갔다. 나는 길거리 선거운동을 잠시 멈추고 할머니를 도와드리러 달려갔다. 한참 동안 할머니와 함께 도로에 흩뿌려진 폐지를 줍고 정리하고 난 뒤 인사를 하고 떠나려는데 할머니께서 갑자기 내 손을 꽉 쥐셨다. 그리고 "꼭 이겨서 그 범죄자 놈들을 처벌해 달라"고 말씀하셨다. 할머니는 이재명이 준다는 25만 원보다 더 많은 지원금을 달라는 말씀을 하지 않으셨다. 거동이 힘든 상황에서도 직접 노동을 하면 했지, 국가로부터 지원금을 바라지 않았다. 그저 범죄자를 처벌해 달라는 당연한 이야기만 하셨다.

　그동안 민주당 지지자들은 익명의 공간에서 우리의 전통 지지층들을 '틀딱'이니 '망구'니 하는 비속어로 조롱하였다. 틈만 나면 정치인들은 노년 세대를 비하하는 발언들을 해왔고, 인터넷에서는 노년 세대를 지칭하는 온갖 비하 표현이 넘쳐났다. 그러나 이들은 현금성 복지 같은 것은 바라지 않는다. 정년을 훌쩍 넘은 나이에도 오직 노동으로 자신의 삶을 책임지려고 하며, 범죄자를 처벌해야 한다는 당연한 사회정의 실현을 요구하고 있었다. 나라가 포퓰리즘으로 완전히 붕괴될 뻔했던 금번 총선에서도 이분들의 총결집은 우리나라를 최소 4년간 한 번 더 자유민주주의 국가로 남을 수 있게 해주었다. 나는 할머니의 말씀을 듣고 다시 길거리 선거운동에 나서며 사무장에게 "이제 이런 할머니와 같은 분들이 돌아가시고 나면 우리 정치세력은 어떻게 될 것이며, 이 나라는 어떻게 될 것인지 생각하면 그저 마음이 무겁다"라고 말했다.

내게 당부의 말을 남긴 그 할머니는 이 책의 서두에서 소개한 케네디의 연설문 중 "당신의 나라가 당신을 위해 무엇을 할 수 있는지 묻지 말고, 당신이 당신의 나라를 위해 무엇을 할 수 있는지 물어보아야 합니다"라는 말을 진정으로 평생 실천하신 분들이다. 그러나 불멸할 수 없는 인간의 특성상 우리나라는 이러한 애국자들을 매년 수십만 명씩 잃어야 한다. 그리고 이러한 애국자들의 지지를 기반으로 정치를 해온 국민의힘은 새로운 지지세력을 확보하지 않는 한 점점 소수세력으로 내몰리다 사라질 수 있다.

나는 이조심판론 이후 총결집하여 투표소로 향하는 국민의힘 전통 지지층의 행렬을 두 눈으로 똑똑히 보았다. 그리고 국민의힘 전통 지지층의 힘에 의해 80~90석까지 내려가 탄핵저지선과 개헌선도 깨질 것이라는 예상과 달리, 108석이란 의석을 얻을 수 있었다. 이와 함께 낙동강 벨트도 사수할 수 있었다. 그래서인지 나는 이번 총선이 낙동강 방어선을 지켜낸 다부동 전투와 비슷하다고 생각한다. 하지만 그 전통 지지층의 수가 계속해서 줄어드는 상황에서 이번 선거와 같은 기적적 방어가 계속 이어질 것을 기대할 수는 없다. 나는 본투표 기준으로 전통 지지층이 주로 거주하는 원도심 지역의 9개 투표소에서 승리하고도 3040 세대가 거주하는 신도시 지역과 사전투표 및 관외 투표에서 참패하며 낙선하였다. 선거 막바지 이조심판론은 정부 여당에게 재앙과도 같았을 민주당계 정당 200석 석권을 막아내는 데 크게 기여했지만, 이런 전략으로 과반이나 수권은 더 이상 불가능하다는 것은 너무도 명백했다.

하지만 3040 세대와 중도층만 바라보는 전략으로 과반 의석이나 수권을 하는 것도 불가능하다. 이번 선거에서 돌풍을 불러일으킨 것처럼 착시 현상을 일으키고 있는 개혁신당이 받은 득표율은 고작 3.6%이다. 국민의힘 전통지지층이 분리되어 나가 창당한 자유통일당이 받은 득표율 2.8%와 득표율 차이는 0.8%에 불과하다. 아직 대다수 보수진영의 표심은 양 진영이 다투기를 원하지 않는다. 하나의 정당에서 힘을 합치기 원하고 있다. 그렇지 않아도 소수로 내몰린 상황에서 국민의힘이 과반 의석과 수권을 다시 찾아오기 위해서는 물과 기름처럼 갈라진 전통 지지층과 중도지

향세력을 하나로 묶어낼 수 있는 리더십을 반드시 회복할 필요가 있다.

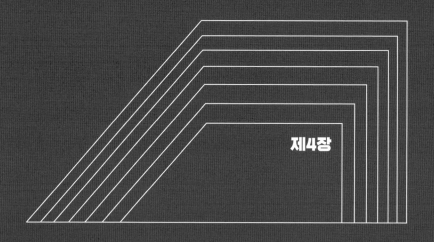

제4장

민주당, 조국혁신당,
진보당 190여 석이
만들 세상

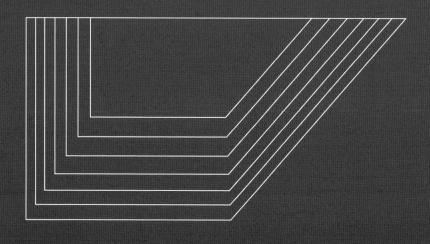

따뜻한(?) 개천 시대의 도래와 사다리의 해체

　2024년 4월 10일 제22대 국회의원 선거는 민주당(171)과 조국혁신당(12), 진보당(3), 새진보연합(2), 새로운미래(1) 등 진보성향 범야권이 189석의 의석을 차지하는 것으로 끝이 났다. 이들 정당은 민주당이나 진보정당에 뿌리를 두고 있는 정당으로, 많은 부분에서 가치를 공유하며 과거 제21대 국회의 민주당, 정의당 연합처럼 함께 행동할 것이 분명하다. 유명한 조국의 "따뜻한 개천" 발언은 이들이 공유하는 가치를 단적으로 보여준다.

　1. 우리는 '개천에서 용났다' 류의 일화를 좋아한다. 그러나 부익부 빈익빈이 심화되고 '10대90 사회'가 되면서 개천에서 용이 날 수 있는 확률은 극히 줄었다. 모두가 용이 될 수 없으며, 그럴 필요도 없다.

2. 더 중요한 것은 용이 되어 구름 위로 날아오르지 않아도, 개천에서 붕어, 개구리, 가재로 살아도 행복한 세상을 만드는 것입니다. 하늘의 구름을 쳐다보며 출혈 경쟁하지 말고 예쁘고 따뜻한 개천을 만드는 데 힘을 쏟자!

_2012. 3. 2. 조국 트위터

생각해 보면 진보진영은 그동안 개천에서 난 용에 대해 특히 탐탁지 않게 생각해 왔다. 진보진영의 대표적 학자인 김동춘 성공회대 교수가 작성한 아래 칼럼이 이를 전적으로 잘 드러내고 있다.

...(전략)... 한국의 시험, 엘리트 선발 제도의 승리자들은 대체로 입시형·고시형 인간이다. 가정이나 학교에서 시험 점수에 들어가지 않는 정의감, 공감 능력, 도덕성을 학습할 기회가 없었다. 일제 식민지 이후 지금까지 한국의 교육과 시험 제도는 자신과 가족의 이익을 위해 권력에 복종하고, 땀 흘려 일하는 사람을 얕잡아 보며 주변의 고통에 둔감한 이런 인간을 길렀다. '가문에는 영광', '국가와 사회에는 재앙'이었다. 이런 교육, 시험 제도에서는 승리자일수록 이기적이 되기 쉽다. 그래서 "배우면, 왜놈 종노릇 하기 쉽다"고 보면서, "종노릇 해도 무식한 놈은 죄라도 덜 짓지 유식한

놈은 유식한 만큼 죄를 더 짓는 것이고 나라를 더 잘 팔아먹더라"라던 일제 강점기 선비들의 말이 연상된다.

생업을 팽개치고 세월호 아이들을 구조하러 간 (고)김관홍 잠수사는 청문회 석상에서 "잠수사이기 이전에 국민이기 때문에" 현장에 달려갔다고 답하면서, "저희는 당시 상황이 뼈에 사무치고 기억이 다 나는데, 왜 사회지도층이신 고위 공무원께서는 왜 기억이 안 나는지" 이해할 수 없다고 질타했다. 그는 국민으로서 도리를 다하기 위해 자신의 몸을 던졌지만, 희생자 구조를 책임진 명문대, 고시 출신 고위 공무원들은 오직 부인, 책임회피의 언어 기술자로서의 모습만 보여주었다.

오늘 우리는 박근혜 게이트의 하수인들과 '노가다' 김관홍 잠수사의 삶을 대비해 보면서 입시형, 고시형 인간을 범죄자로 만드는 한국의 교육, 엘리트 충원 제도의 총체적 실패를 본다. "박근혜에게 속았다"고 분개하는 가난한 노인들은 오늘 입시형·고시형 인간 반기문을 환영한다. "그들은 당신 같은 사람에겐 관심이 없다"고 말해 주고 싶다. ...(후략)...

_김동춘, 〈[김동춘 칼럼] 그들은 당신 같은 사람에겐 관심 없다〉,
한겨레, 2017.01.24.

개천에서는 용이 나오기도 어렵고, 그렇게 나온 용은 개천에 아무런 관심도 없으며 이기적이기만 하므로, 개천에 있는 사람들은 굳이 용이 되기보다는 따뜻한 개천에서 올망졸망 살아가는 세상을 만들자는 생각은 민주당과 진보진영 사람들이 오랫동안 공유해 온 가치관이라 해도 과언이 아니다. 그 뿌리 또한 매우 깊다.

우리나라의 소위 민주진보진영의 사상이 형성된 뿌리를 살펴보면 서구의 마르크스주의와 동양 유가의 유토피아적 대동사상에 뿌리를 내리고 있는 것을 볼 수 있다. 이 중 프롤레타리아의 계급독재를 꿈꾸는 서구의 마르크스주의 사상에 대해서는 이미 앞선 사람들이 상세히 분석하였으니 별론으로 하고, 우리나라 특유의 대동사상에 대해 조금 더 설명해 보겠다.

대동사상은 유가의 대표적 경전인 사서오경 중 하나인《예기》〈예운편〉에 수록되어 있는 사상인데 그 내용을 인용해 보면 다음과 같다.

"대도(大道)가 행해지는 세계에서는 천하가 공평무사하게 된다. 어진 자를 등용하고 재주 있는 자가 정치에 참여해 신의를 가르치고 화목함을 이루기 때문에, 사람들은 자기 부모만을 친하지 않고 자기 아들만을 귀여워하지 않는다.

나이 든 사람들이 그 삶을 편안히 마치고 젊은이들은 쓰여지는 바가 있으며 어린이들은 안전하게 자라날 수 있고 홀아비·과부·고아, 자식 없는 노인, 병든 자들이 모두 부양되며, 남자는 모두 일정한 직분이 있고 여자는 모두 시집갈 곳이 있도록 한다. 땅바닥에 떨어진 남의 재물을 반드시 자기가 가지려고 하지는 않는다. 사회적으로 책임져야 할 일들은 자기가 하려 하지만, 반드시 자기만이 할 수 있다고 생각하지는 않는다. 이 때문에 간사한 모의가 끊어져 일어나지 않고 도둑이나 폭력배들이 생기지 않는다. 그러므로 문을 열어놓고 닫지 않으니 이를 대동이라 한다."

이러한 유가의 대동사상이 이뤄지는 이상적 세상을 '대동세상'이라 하는데, 이는 오랫동안 유학의 이상세계로 상정되어 왔다. 우리나라의 진보 사상은 서구의 마르크스주의를 기반으로 하지만 다른 많은 사상과 그러하듯 이른바 동도서기론에 따라 동양의 전통사상과 섞인 형태로 발전해 나갔다. 북한의 마르크스주의가 주체사상으로 변모한 것처럼 우리나라의 진보사상도 민족주의적 풍조 속에 동양의 전통사상을 많이 가미하였고, 그중 대표적인 것이 바로 대동사상이라 할 수 있다. 이는 운동권 학생회가 주도해 부활시키고 개최해 왔던 각 대학의 축제를 '대동제'라 부르는 것에서도 찾아볼 수 있다.

　사실 《예기》〈예운편〉이나 조국의 트위터, 김동춘 교수의 칼럼 등을 살펴보면 이들 사상이 특별히 무슨 문제가 있는 것인지 의문을 가질 수 있다. 개천의 용이 아니라 개천에 있는 사람들을 더욱 소중히 생각하고 이들이 평등하게 행복한 세상을 만들자는 것은 사회적 공공선을 실현하고자 하는 사람들에게 완벽해 보이기까지 하다.

　문제는 대동사회를 지향했던 유학을 관학이자 국교로 삼은 동양 국가들과 프롤레타리아 독재에 의한 평등사회를 지향한 현실 사회주의 국가의 실제 모습에서 찾을 수 있다. 대동사회를 지향한 유학은 대동사회 실현을 위해 역설적으로 차별적인 세계를 만들 것을 요구한다. 유학의 명분론은 '君君, 臣臣, 百百'으로 요약되는데, 임금은 임금답게 신하는 신하답게 백성은 백성답게 해야 백성들이 평등하고 행복한 대동사회를 만들 수 있다는 것이다. 즉 천명을 받은 임금이 천명에 따라 공평무사한 정사를 베풀어야 하고, 이러한 정사를 베풀 수 있도록 신하들은 필사적으로 임금을 보필하며 천명에 따르도록 공부시키고 깨우쳐야 한다는 것이다. 서양의 사극들과 달리 우리나라의 사극에서 신하들이 임금을 공부시키는 장면이 반드시 등장하는 이유이다. 그리고 '신하는 신하답게 백성은 백성답게'라는 말에서부터 백성이 감히 신하가 될 생각을 해서는 안 된다는 숨은 의도를 발견할 수 있다. 조선시대 내내 양인이나 천민 계급은 자식이라도 양반을 만들고 싶어 했지만, 그런 행운을 누린 사람은 아주 특출난 전공을 세우거나 재주를 가진 극소수에 불과했다. 개천에 사는 사람들은 그들만의 대동사회에서 행복하게 살면 충분하다고 보았으며, 이들을 지배하는 극소수의 왕과 신하라는 지배층은 백성들을 대동사회에서 행복하게 살도록 해줄 의무가 있다고 보았는데, 이는 지배층과 피지배층을 분명히 나누는 계급적 사고로 이어졌다.

현실 사회주의 국가 역시 비슷한 모습을 보인다. 명분은 프롤레타리아 독재를 통한 완벽한 평등사회 실현을 꿈꿨지만, 방법론적 측면에서 유학과 비슷하게 소수의 혁명 엘리트들이 깃발을 들고 앞장서고 나아가는 깃발론을 내세웠다. 즉 선도적인 혁명가 그룹이 대다수 인민 대중들을 이끌고 폭력혁명을 통해 권력을 쟁취해 프롤레타리아 독재를 이끌어낸다는 생각은 바로 이 직업 혁명가 그룹이 모여있는 공산당원이라는 새로운 지배계급을 창출하였다. 이들 신흥 지배계급은 평등한 노동자보다 더 평등한 당원이 되어 공산당 특권계급이 되었고, 권력과 재화를 독점하였다.

영화 〈1987〉의 마지막 장면은 이러한 사상을 물려받은 우리나라 진보진영의 생각을 여실히 보여준다. 영화의 여주인공은 마지막 순간 각성하여 버스 위에 올라서는데 그 버스 아래로는 100만여 군중이 이 여주인공을 우러러보고 있었다. 그들 100만여 군중 앞에서 선도적으로 팔뚝질을 하는 여주인공과 그 동료들의 모습은 우리나라 진보층이 지향하는 세상이 어떠한 세상인지 확실히 보여준다.

문재인 정부와 180석의 민주당은 따뜻한 개천을 만들기 위해 많은 노력을 기울였다. 코로나 위기 대응은 따뜻한 개천 만들기 프로젝트의 아주 좋은 기회가 되기도 했다. 전 국민에게 평등하게 지속적으로 주어진 재난지원금은 국민들이 보편적 현금성 복지의 단맛에 빠져들게 하기 충분했다. 그로 인한 물가 상승이나 증세를 고민하는 사람들은 많지 않았다. 그리고 이들은 북유럽식 보편 복지가 우리 사회에 자리를 잡아야 하며, 개천에서 탈출할 생각을 하는 것은 이기적인 일이라고 강하게 매도했다. 그리고 개천에서 탈출할 수 있는 사다리를 하나둘씩 치워나가기 시작했다.

우선 공교육을 철저히 하향 평준화하기 시작했다. 다음 장에서 더 자세히 설명하겠지만 '개천 용'이 등장할 수 있는 토대가 되는 수월성 교육은, 따뜻한 개천에서 가재, 붕어, 개구리로 살려는 학생들의 삶을 불행하게 만든다는 게 주된 명분이었다. 다음으로 의도했는지 확실하지 않지만 전국의 집값과 전세가격을 폭등시켜

내집마련을 통한 정착과 중산층으로의 성장을 송두리째 막았다. 진보세력의 입장에서 개천의 용이 된 고연봉자를 철저하게 악마화하기 시작했고, 고연봉자에 대한 중과세를 주장하며 차근차근 실현해 나갔다. 이번 선거에서도 조국혁신당은 대기업 노동자의 임금인상분을 하청업체 등 중소기업 노동자에게 나누어주는 사회연대임금제를 공약으로 내놓은 바 있다. 민주당은 문재인 정부 시기 폭등해 버린 부동산 가격으로 인해 사실상 부동산 투자의 길이 막힌 3040 세대 흙수저 노동자들이 그나마 투자하는 주식과 코인 소득에 대해 과세하는 금융투자소득세 시행을 밀어붙이고 있다. 모두 개천 출신 흙수저가 용이 되는 것을 막는 정책들이다.

개천에 사는 흙수저들이 감히 용이 될 생각을 품지 못하고 민주당과 진보세력이 주는 현금성 복지 등을 받으며 따뜻한 개천에서 가재, 붕어, 개구리로 행복하게 살아가는 동안 국가의 권력을 독점한 진보세력과 그 자녀들은 개혁된(?) 제도의 도움으로 시험도 보지 않고 의대를 가서 의사가 된다. 또 많은 자산을 지닌 부모 밑에서 저소득층 자녀로 남아 각종 국가적 혜택을 받으며 내집마련부터 시작해 다양한 방법으로 손쉽게 자산을 불려 나가기 시작하였다. 그리고 이를 막아서는 법 제도는 이런저런 이유를 제시하며 제거해 나갔다.

나는 문재인 정부 시기 검찰개혁이란 이름으로 우리나라 금융범죄 사건의 저승사자와 같았던 남부지검 증권범죄합동수사단을 해체한 것을 지금도 이해하지 못하고 있다. 공교롭게도 남부지검 증권범죄합동수사단이 해체된 이후 옵티머스, 라임 등 서민을 상대로 한 수많은 금융범죄가 발생하였다. 남부지검 증권범죄합동수사단은 윤석열 정부가 출범하고 한동훈 법무부장관이 임명된 뒤 다시 부활하였고 이후 대규모 펀드 사기 사건은 자취를 감추었다.

따뜻한 개천 시대의 도래는 역설적으로 평범한 가재, 붕어, 개구리가 개천을 넘어 발전할 수 있는 역동성을 사라지게 만들 수 있다. 또한 그 과정에서 따뜻한 개천을 관리하는 새로운 특권계급을 육성하게 될 것이다. 이번 국회의원 선거에서 유독 국민의힘에 개천에서 대한민국이 약속한 사다리를 타고 성장했던 3040 후보들이 영입인재로 입당한 배경에는, 자신들이 성장한 개천에서 자라고 있는 후배들이 따뜻한 개천에 머물며 특권 계급에게 사육되는 세상이 펼쳐지길 바라지 않는 마음 때문이었다.

그러나 우리 국민은 따뜻한 개천에서 보편 복지를 받는 것을 더 많이 선택하였다. 민주당을 비롯한 189석의 진보진영 범야권 정당들은 이러한 국민적 기대에 부응해 앞으로 더욱 가열차게 따뜻한 개천 만들기와 사다리 치우기에 나설 듯하다. 그래도 한가지 희망은 우리 국민의 45%는 아직 역동적으로 스스로의 삶을 개척하는 삶을 장려하는 국민의힘에 투표했다는 점이다. 압도적으로 민주당과 진보진영 정당에 투표한 3040 세대 역시 주로 개천 출신들에게 적용될 금융투자소득세 과세 유보를 위한 청원에 5만여 명이 서명하였다. 그래도 아직은 복지보다는 역동적 기회를 추구하는 모습이 완전히 사라지지 않았다. 향후 보수세력이 역동적이고 주체적인 기회의 사다리를 제공할 수 있다는 확신을 줄 수만 있다면, 아직 우리 사회 변화의 방향을 되돌릴 시간이 조금은 남아있는 듯하다.

공교육 붕괴 및 자본과 재판으로 난도질 될 학교

최근 아들이 영재교육원 입시시험에 응시했다. 아들은 시험에 대한 준비를 전혀 안 하고 있다가 시험 일주일 전이 되어서야 내가 사준 모의고사 문제지를 한 권 풀이하였다. 뒤늦게 아내는 아들이 시험 직전 일주일 동안 열심히 공부했던 이유가 내가 한 말 때문이었음을 알려줬다. 내가 사준 영재교육원 모의고사 문제를 풀면서 끙끙거리던 아들이 나한테 계속 질문을 하자, "그렇게 금방금방 아빠한테 물으면 너 하고 싶은 조종사 못 된다. 조종사 되기 싫으면 계속 그렇게 곧바로 물어. 공부는 되든 안 되든 스스로 해야 한다"고 했던 나의 말에 충격을 받고, 그렇게 공부를 한 거라 한다. 그러면서 아내는 자신이 잘못하면 아빠가 실망할까 봐 아이가 그렇게 몸살까지 나가며 공부한 거 아니냐며, 아이한테는 인센티브를 주면서 유도해야지 그렇게 네거티브한 말을 하면 안 되는 거라고 이야기했다.

아들은 최선을 다해 시험을 보고 나온 눈치다. 그러나 치열한 학군지에서 똘망똘망하게 길러진 친구들보다는 잘 보지 못한 듯하다. 내가 사는 지역은 아이들이 즐겁게 크지만 이러한 종류의 사교육에 대한 교육열은 낮은 편이다. 아이도 시험장에서 같은 학교 친구는 여자아이 한 명밖에 못 봤다고 한다. 그에 비해 초등학교 3학년인데도 이미 영재교육원 대비 학원에서 친해진 아이와 학부모들은 서로 잘 알고 있었다. 시험이 끝나고 아이를 기다리는데 어떤 부모들은 초등학교 3학년 대상으로 영재교육원 기숙학원도 있다 말하고, '소마'니 'CMS'니 하는 이름도 처음 들어보는 영재교육원 전문학원에 대한 이야기와 교재들에 대한 품평도 하고 있었다.

나는 내 지역구인 인천 서구 가좌동의 초등학교를 졸업했다. 그때도 동네에 유명한 속셈학원이 있었다. 13평 주공아파트 대출금 갚기도 바쁜 나의 부모님은 정부미를 먹는 처지였기에 나를 학원에 보내줄 돈이 없었다. 그래도 수련장은 풍족하게 사줬고 나는 그 문제집만 풀었다. 〈완전학습〉〈다달학습〉〈이달학습〉을 풀었고 〈산수완성〉만 하나 따로 풀었다. 유행했던 〈구몬수학〉 같은 구독형 문제지를 구독하여 풀이할 여유는 없었다.

그래도 시중에 있는 문제집만 풀고도 초등학교 4학년 때 처음 본 교내 산수경시대회에서 전교 1등의 점수를 받아 인천대회에 학교 대표로 나가 상까지 받았다. 5학년과 6학년 때 지금 생각하면 일종의 영재반인 인천 북부교육청의 과학교실에 전교에서 유일하게 선발되어 매주 1회 속칭 영재교육을 받았다. 그 시절에는 학원 갈 돈 없이 가난했던 나와 같은 아이도 문제집만 열심히 풀면 산수경시대회 상을 받고 영재반을 다닐 수 있는 나라였다. 문제가 교육과정 내에서 출제되니 가능한 일이었다.

그런데 아들의 영재교육원 모의고사 문제를 보니 무슨 사고력을 테스트한다고 하는데, 이런 류(類) 시험의 끝판왕인 LEET(법학적성시험)나 PSAT(공직적격성평가) 수준의 문제가 나와 있었다. LEET와 PSAT 시험에서 모두 초고득점을 받은 내가 풀어도 어려운 문제를 초등학교 3학년생이 풀게 한다. 어떤 문제들은 당장 법학전문대학원 입시시험인 LEET 시험이나 5급 공무원 채용시험 1차 시험인 PSAT 시험의 문항으로 출제되어도 손색이 없었다.

요즘의 약화된 공교육으로는 당연히 커버할 수 없고, 공교육에 활용되는 문제집 등의 교재로도 감당하기 어려웠다. 이러니 사교육이 생길 수밖에 없다. 영재는 학원이 만들 수 있다는 선전이 설득력을 얻게 된다.

공교육의 학습량을 줄이고, 다양성을 평가한다며 공교육이 포괄할 수 없는 범위의 시험을 보도록 하고, 수행평가를 하도록 하니 사교육이 힘을 얻지 않을 수 없다. 그리고 이런 세상에서 과거의 나처럼 구독 문제지 하나 풀기 어려운 환경의 아이는 당연히 좋은 성적을 받을 수도 없다. 따라서 공부를 잘한다는 긍정적 평가를 받으며 발전해 나갈 수도 없을 것이다.

그동안 교육계의 진보세력은 "공교육의 공부량이 많으면 안 된다" "시험으로 평가하면 안 된다"며 학교를 놀이 공간처럼 만들었다. 이렇게 학습량을 줄여놓고도 막상 상위권 진출 경로의 시험은 학교에서 절대 배울 수 없는 문제를 풀게 한다. 다양성을 빌미로 온갖 학교에서 배우지 않은 내용을 수행평가로 매겼다. 이러니 이런 종류 시험을 위한 온갖 종류의 사교육이 생기고 역설적으로 가난한 아이들은 무기력하게 소외되고 말았다.

결국 어느 정도 윤택하게 살며 교육열이 있는 집안 아이들도 공부량이 적은 공교육은 선행으로 빠르게 학원에서 해치우고, 수업 시간에 배우지 않는 테스트를 대비하기 위해 학원을 다닌다. 공교육 공부량은 줄어들었는데 수험 공부량과 준비량은 더 늘었다. 중3 때 이미 고3까지 선행을 마치고 고등학교 때 수행평가 준비에 매진해야 하는 게 요즘 학생부종합전형 대비의 트렌드라고 한다.

교권회복 및 공교육 부활 촉구 집회

또 다양성 평가라는 수행평가는 스스로 알아가는 것이라며 학교에서 배우지 않은 내용들을 주제로 삼는다.

시험으로 줄 세우며 획일적이지 않아야 하고 아이들을 놀게 해 줘야 한다는 주장이, 역설적으로 공교육 약화와 교육 기회의 불균형을 양산해 가난하고 재능있는 아이들을 말살시키는 방향으로 나아가는 현상은, 학교폭력 관련 조치를 법제화하고 학생 인권을 향상시키자는 취지가 되레 학교를 붕괴시키는 결과로 이어지는 상황과 많이 닮았다.

민주당과 진보세력이 교육에 도입한 이상주의적 공교육 하향 평준화와 각종 학생 인권 강화 및 법제화 정책들은 공교육을 통해 이뤄졌던 투명한 사다리와 동아줄을 모두 망가트려 놓았다. 이제 자신의 꿈을 실현하기 위해서는 사교육의 도움을 받는 것이 너무도 당연한 일이 되었다. 사교육 학원이 몰려 있는 지역이 학군지로 각광받으며 학원의 존재 여부에 따라 아파트 가격이 결정되는 세상이다. 과거 선생님들로부터 지도받을 수 있었던 학교폭력 사건도 이젠 비싼 수임료를 지불하고 변호사의 조력을 받아야 하는 것으로 변했다. 분명 개천에 살고 있는 사람들을 위한 정책을 시행한다는데 개천에 사는 아이들은 점점 꿈을 꾸기도 어렵고, 폭력으로부터 최소한의 보호도 받기 어려운 세상이 되어 가고 있다.

견제받지 않는 입법 권력이 된 189석의 진보성향 범야권 정당들은 자신들이 옳다고 생각하는 교육 관련 도그마를 결코 바꿀 생각이 없다. 따라서 교육에 있어 이러한 현상은 점점 더 심각해져 갈 것이다.

대 마약시대의 개막과 총기의 등장

　민주당은 검찰이 무소불위의 권한을 행사하고 있다며 검찰개혁의 필요성을 강조해 왔다. 그리고 문재인 정부 시기 두 번에 걸친 검경수사권 조정을 통해 검찰의 권한을 대폭 축소하였다. 재미있는 사실은 검찰개혁이란 명분으로 마약과 금융범죄에 대한 검찰의 수사 권한을 대폭 약화시켰다는 점이다.

　우리나라는 오랫동안 마약 청정국으로 분류돼 왔는데, 이는 검찰과 경찰, 국정원이 마약범죄만큼은 강력한 수사망을 구축해 왔기 때문에 가능한 일이었다. 국정원이 마약범죄에 대한 국내외 정보를 모으고, 검찰은 전체적인 마약범죄 수사를 기획하고 수행하며, 경찰이 지역밀착형으로 마약범죄를 담당하는 우리나라의 마약범죄 수사 시스템은 전 세계적으로 찬사를 받아왔다. 그러나 문재인 정부는 기어코 이를 무너트려 버린다.

문재인 정부 집권 2년 차를 맞이하는 2018년 1월부터 검찰은 지검장의 허가 없이는 지청에서 수사를 할 수 없도록 하는 예규가 검찰청에 신설되었다. 검찰개혁의 일환으로 검찰의 인지수사를 축소하겠다는 것인데, 이로 인해 1차적으로 검찰의 마약 수사 권한이 약화되었다. 이어서 2020년 1월 13일 1차 검경수사권 조정 입법이 이뤄지며 마약과 강력범죄 수사가 검찰의 인지수사 범위에서 배제된다. 2022년 4월 30일, 이른바 '검수완박'이라 불리는 2차 검경수사권 조정이 있은 뒤 사실상 마약범죄 수사 권한이 경찰에 집중된다. 물론 윤석열 정부 출범 이후 시행령 등을 통해 검찰의 마약범죄 수사역량이 일부 회복되고는 있지만 이미 마약범죄 수사에 있어 검찰과 경찰, 국정원의 협력 체계가 완전히 붕괴된 이후라 문재인 정부 이전의 수사역량을 회복하지 못하는 실정이다.

　그 결과 현재 우리나라의 주요 마약의 시세는 문재인 정부 출범 이전에 비해 10분의 1까지 떨어졌다. 1회 투여에 수백만 원이 필요하던 과거에 비해 적게는 수만 원에서 수십만 원까지 가격이 낮아졌다. 마약 투여에 대한 경제적 진입 장벽이 확연히 낮아진 셈이다. 여기에 국내의 압수수색영장이 잘 통하지 않는 텔레그램과 같은 해외 기반 메신저가 마약 거래에 활용되며 문재인 정부 기간 관세청 마약 적발량은 18배, 10대 연령 마약사범 수는 4.5배 증가하였다. 수사력이 약화된 상황에서 증가한 건수만 이 정도이니 실제 마약 중독자의 증가는 훨씬 심각할 것이 분명하다. 이제 변호 사업계에서 마약 사건은 학교폭력 및 교권 사건과 함께 새로운 블루오션으로 불리고 있으며, 변호사 플랫폼 업체에서 마약류 이름을 검색하면 해당 마약의 전문 변호사라는 사람들을 다수 확인할 수 있는 실정이다.

마약에 대해 거의 의도적이다시피 한 수사력 약화로 마약사범이 이토록 증가하고 있음에도 금번에 조국혁신당을 통해 재선의원이 된 황운하 의원은 한 라디오 프로그램에 출연하여 "현재의 우리 마약류 실태가 대통령이 나서서 마약과의 전쟁을 선포할 만큼 심각하냐, 정책 판단의 영역이지만 불과 5년 사이에 5배 늘어난 수준"이라고 말했다. 마약에 대한 민주당과 조국혁신당 등 범진보진영 정치인의 생각을 단적으로 보여주는 발언이라 하겠다.

어떤 이유인지 모르겠으나 민주당 등 범진보진영의 정치인들은 마약에 대해 상당히 관대한 모습을 보여주고 있다. 일부 진보 인사 중에서는 마약 중독자에 대해 형사법으로 처벌할 것이 아니라 치료와 복지의 대상으로 바라봐야 한다며 마약 중독자에 대한 혐오를 멈춰달라는 발언을 공공연히 하고 있다.

그러나 마약류가 범람한 나라는 결코 발전할 수 없음을 역사는 증명하고 있다. 중국의 아편전쟁까지 가지 않더라도 한때 아시아에서 일본에 이어 두 번째로 잘살던 나라였던 필리핀이 마약과 조직범죄, 총기에 의해 어떻게 무너졌는지 생각하면 문재인 정부 시기부터 시작된 마약범죄 증가를 예사롭게 봐서는 안 된다. 그렇지만 이번 총선을 통해 마약에 대해 낙관적이고 낭만적인 생각을 하는 정치세력이 다수가 되었기에 과거만큼 강력한 마약범죄 수사력을 회복하기는 어려울 듯하다. 한편 문재인 정부 이후 마약 중독자의 연령대가 낮아져 가고 있기에 마약 중독자의 교화와 치료도 점점 어려운 일이 될 것으로 보인다.

나의 지역구인 인천 서구에는 전국적으로 유명한 마약 중독자 치료 병원이 있다. 선거기간 간담회를 하기 위해 방문했는데, 병원 측은 문재인 정부 시기 운영난 때문에 마약 중독자 치료를 포기할까 생각도 했다는 말을 전해줬다. 다행히 윤석열 정부가 마약 사범에 대한 수사력 강화와 함께 마약 중독자 치료에 대해서도 전폭적 지원을 해줘 계속 운영할 수 있게 되었다는 말도 이어졌다. 나는 집권 여당의 후보로서 현재 정부의 마약범죄와 중독을 막기 위한 정책들에 전적으로 동의한다는 뜻을 밝히며, 국회의원이 된다면 마약 중독 치료를 위한 지원을 늘리겠다 약속했다. 그런 약속을 한 내가 낙선했어도 아직은 윤석열 정부이기에 나의 지역구의 마약 중독자 치료 병원이 유지될 수 있겠지만, 만약 3년 뒤 다시금 민주당 정부가 세워진다면 마약 중독자에 대한 치료는 이어나가기 어려울 수 있다.

사실 문재인 정부는 마약에 대한 수사력만 약화시킨 것이 아니다. 강력범죄 특히 조직폭력배 범죄에 대한 수사력도 크게 약화시켰는데 이것 또한 검찰개혁이라는 명분으로 추진되었다. 문재인 정부 내내 방치된 조직폭력배들은 마약과 함께 또 다른 문제를 우리 사회에 가져올 수 있는데 바로 총기의 문제이다. 현재도 총기는 마약과 비슷한 루트로 국내 반입이 아예 불가능한 것이 아니며 음성적인 통로를 통해 실제 거래도 되고 있다. 그럼에도 총기 범죄가 눈에 띄게 빈발하지 않는 것은 조직폭력배 등이 총기를 사용할 경우 일벌백계하는 풍조가 남아있기 때문이다. 문제는 수사력이 약화되고 치안이 허술해지면서 이러한 풍조가 깨질 위험성이 있다는 것이다. 우리나라 조직폭력배 간의 다툼에 있어 하나의 큰 변곡점이 된 사건으로 1975년의 사보이 호텔 사건을 들 수 있다. 사보이 호텔 사건은 조양은을 중심으로 하는 양은이파가 당시 서울 조직폭력계를 주름잡고 있던 신상사파를 습격한 사건이다. 이 사건이 유명한 이유는 조직폭력배 간의 다툼에서 처음으로 회칼 등 흉기가 본격적으로 사용되었기 때문이다. 이후 지금까지 조직폭력배들은 회칼이나 망치 등 흉기를 사용하며 다투고 있는데 아직 총기로까지 번지지는 않고 있다. 그러나 이른바 검수완박 입법 이후 수사력과 치안이 약화해 간다면 제2의 사보이 호텔 사건과 함께 총기가 본격적으로 등장할 수 있다. 아직 우리나라에서는 너무 먼 이야기처럼 느껴질 수 있지만, 선진국의 문턱에서 마약과 조직폭력배의 총기 사용 등의 문제로 추락한 멕시코나 필리핀 같은 나라와 비슷한 현상을 겪을 수 있다.

　실제 멕시코의 경우 1929년부터 71년간 지속된 사회주의 인터내셔널 소속 정당인 제도혁명당 집권 시기에 현재와 같은 광범위하고 강력한 마약 및 조직폭력배 카르텔이 자리 잡았다. 제도혁명당은 중남미 포퓰리즘 정책들의 원조와 같은 정책들을 시행하였고, 마약과 조직폭력배, 총기 범죄 등에 대해 관대한 태도를 유지하였다. 치안 불안과 마약의 범람을 참다못한 국민들에 의해 집권한 보수우파 국민행동당 정부는 출범과 함께 '마약과의 전쟁'을 선포하였다. 군대까지 동원해 진압 작전을 펼쳤지만 이미 총기로 중무장한 마약조직을 소탕하는 것은 불가능한 일이었다. 마약에 반대하는 수많은 정치가와 군인, 경찰이 암살되는 가운데, 국민행동당의 마약소탕 작전은 끝내 실패하고 12년 만에 제도혁명당이 다시 집권한다. 마약과 조직폭력배, 총기에 의한 치안 불안이 발생하면 이를 유발한 정치세력이 오히려 정치적 이익을 받는 것인데, 현금성 복지 등 포퓰리즘이 불러일으키는 정치적 현상과 매우 유

사하다. 이러한 악순환의 고리를 그림으로 단순히 정리하면 아래
와 같다.

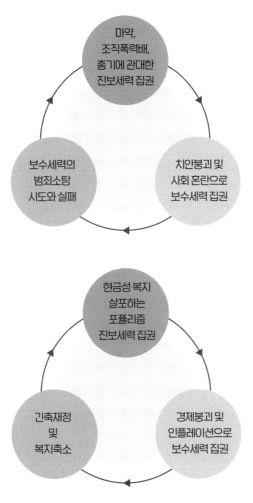

모든 진보세력이 그런 것은 아니다. 하지만 국가의 유지와 발전을 위한 최소한의 책임감도 없이 오직 정파적 이해관계만 고려하면 나라를 망가뜨리는 것이 오히려 정치적 이익이 될 수 있다. 우리나라의 민주당 등 진보세력은 점차 그 길을 선택하고 있는 상황이다. 그들에게 주어질 정치적 이익은 별론으로 해도, 향후에도 민주당이 압도적 다수를 차지하는 국회가 계속 이어지면 안전한 치안의 보호를 받아야 하는 여성과 아이들, 사회·경제적 약자 등 그들의 강력한 지지층의 삶부터 심각하게 위태로워질 것이다.

2022년 7월 29일 한동훈 당시 법무부 장관은 내가 부협회장으로 재직 중이던 대한변호사협회를 방문하였다. 이종엽 당시 대한변호사협회장은 부협회장 중 가장 나이가 어린 나를 한동훈 법무부 장관과의 간담회에 배석토록 했다. 그 자리에서 나는 한동훈 법무부 장관에게 2022년 대선의 의미는 법치주의를 회복해 달라는 국민의 뜻인데 검수완박 입법은 이와 정반대로 가는 것이란 이야기를 하였다. 이에 대해 한동훈 법무부 장관은 치안은 국가가 국민에게 제공할 수 있는 복지의 일환이라 답변해 주었다. "치안은 복지"라는 그의 말은 아직도 내 마음에 선명하게 남아있다. 나의 지역구였던 인천 서구 원도심은 여전히 좁고 어두운 골목길이 산재해 있다. 어두운 밤 좁은 골목을 지나 집으로 돌아가야 하는 평범한 서민들을 떠올리면, 입만 열면 노동자·농민·서민·빈민들을 위한다는 소위 진보진영의 사람들이 치안을 무너뜨릴 법 제도를 개혁의 이름으로 추진하는 상황을 도무지 이해할 수 없다. 마약 수사와 총기 수사 그리고 조직폭력배 수사에 있어 커다란 공백을 가져올 검수완박 입법을 불도저처럼 밀어붙이는 민주당, 조국혁신당과 시행령을 통해서라도 검수완박의 폐해를 조금이라도 줄이려 한 한동훈 전 법무부 장관 중에서 다수의 우리 국민은 민주당과 조국혁신당을 선택하였다. 3년 뒤 한 번 더 반전의 기회가 있겠지만 이제 우리도 멕시코와 필리핀이 이미 겪은 치안 약화 악순환의 초입에 접어들기 시작한 것 같아 진심으로 안타까운 마음이 든다.

사법민주화를 빙자한 인민재판의 실현

　최근 민주당은 우리나라 형사사법의 변화를 오랫동안 시도해 왔다. 주로 검찰을 악마화하고 검찰의 권한을 경찰에 이양하는 것을 검찰개혁과 검수완박이란 이름으로 실천해 왔는데, 그 결과 우리나라의 형사사법은 최악의 난맥상에 놓이고 말았다. 수사 경찰은 지난 70여 년간 들춰본 적도 없는 민법과 상법 지식이 필수인 경제범죄에 대한 수사를 단독으로 해야 한다. 검찰 및 국정원과 공동으로 진행하던 마약, 대공 수사까지 단독으로 하게 되었다. 결과적으로 업무 과중과 미숙으로 수사가 지연되는 사태가 2020년 1차 검경수사권 조정 이후 계속되고 있다. 실제 대한변호사협회의 조사에 따르면 변호사 중 67%가 검경수사권 조정으로 인한 수사 지연 문제가 심각하다고 답변하였다.

온갖 부작용이 난무하는데도 사법체계를 바꾸려는 민주당의 시도는 멈추지 않는다. 최근 민주당 김동아 당선인은 "단순히 사법부 개혁을 넘어 민주적 통제가 필요하다"는 발언을 하였다.[*] 실제 제21대 국회에서 민주당 이탄희 의원은 각각 법관 인사에 법관이 아닌 시민이 관여토록 하자는 법원조직법 개정안을 발의하였다. 법관의 인사를 담당하는 기관이었던 법원행정처를 폐지하고 사법행정위원회가 그 역할을 하도록 한 것이다. 오직 법관으로만 구성된 법원행정처와 달리 사법행정위원회는 법관 4명, 변호사 4명, 시민사회 등 외부 전문가 4명으로 구성되도록 하는 것이 법의 주된 내용이었다. 만약 극단적으로 운영된다면 특정 성향의 변호사단체 출신 변호사와 소위 시민단체의 전문가들이 법관의 평가와 인사를 좌우하게 만드는 이 개정안은 문재인 정부에서 임명된 김명수 대법원장조차 반대하였다.

이탄희 의원은 프랑스와 이탈리아, 스페인 등의 경우 법관 인사를 이러한 형식의 위원회나 평의회가 결정한다는 것을 이유로 들었다. 그러나 이는 해당 국가들이 사실상 사법부가 행정부에 종속된 2권 분립적인 국가라는 점에서, 삼권분립의 원칙과 사법부 독

---

[*] 곽예지, 〈'대장동 변호사' 김동아 당선인 "사법부, 민주적 통제 필요"…사법 안하무인 되나〉, 뉴데일리, 2024. 4. 12.

립이 명확히 적시되어 있는 우리 헌법의 태도와는 다르다는 점을 간과한 생각이다. 우리 대한민국은 건국 초기부터 사법부의 독립을 강조한 나라였고, 초대 대법원장인 가인 김병로 선생은 이승만 정부의 사법부 독립 훼손 시도에 단호히 맞서며 사법부의 독립 원칙을 지켜내었다. 그러나 이제 국민 다수의 지지를 받으며 정치권력을 장악했다는 자신감을 가진 민주당은 사법부 독립이 거추장스럽게 느껴지는 모양이다.

자유민주주의는 시스템에 의한 통치를 지향한다는 점에서 국민 다수의 뜻이라면 무엇이든 할 수 있다는 인민민주주의와 다르다. 자유민주주의에서는 법치주의를 기반으로 법에 의해 사전에 정해진 규칙을 지키도록 하며, 다수의 의견과 법이 서로 견제하는 것이 원칙이다. 예컨대 탄핵의 경우에는 국회에서 탄핵 의결이 있어도 헌법재판소에서 탄핵 심판이 있어야 이뤄지도록 함으로써 민주주의와 법치주의가 상호 견제를 이루도록 한다. 사법부의 독립 역시 포퓰리즘 광풍으로부터 법치를 지켜내는 마지노선의 의미를 지니는 것으로 본다.

반면 인민민주주의는 치자와 피치자가 언제나 동일해야 하므로 치자는 피치자인 인민의 의견을 언제나 따라야 한다고 설명한다. 이 논리에 따르면 이미 법이 존재한다 하더라도 판결이나 집행 시점에 피치자인 인민의 의견이 다르다면 얼마든지 그 자리에서 즉석으로 개정하여 소급 적용도 가능하다. 정치적으로 인민민주주의를 구현한 구소련의 스탈린 시대를 법제사에서는 '전화법 시대'라고 부른다. 이미 정해져 있는 법률이라도 인민의 의지를 완전히 체화한 통치자인 스탈린이 전화 한 통만 하면 법률을 바꾸어 적용할 수 있었던 시대였음을 일컫는 말이다. 또 이러한 법률이 적용되어 그때그때 인민의 의지에 따라 재판의 결과가 정해지는 재판을 '인민재판'이라 부른다.

자유민주주의 국가에서 인민재판을 엄격히 금지하는 이유는 재판에서 국민의 뜻을 반영한다는 좋은 명분이 결국은 정치적 다수에게 유리한 재판 결과만 나오게 되는 사태를 가져오기 때문이다. 즉 사법의 민주화라는 좋은 명분이 자칫 과도하게 추구되는 순간, 사법의 정치화를 가져올 수 있다. 또 인민의 다수결이 항상 올바른 판단을 내리는 것은 아니기에, 심한 경우 가장 잔인한 반인도적 범죄로 이어지는 경우가 많다. 예컨대 로베스피에르의 공포정치 시기 콩코드광장에 핏물이 마를 날이 없었던 일이나, 나치 독일 시기 당시 독일 국민 다수의 지지에 따라 유대인들을 강제수용소에서 학살한 사건들, 중세시기 마녀사냥 등이 대표적이다.

그러나 민주당은 사법개혁과 사법의 민주화라는 허울 좋은 명분을 기반으로 법관의 인사권을 다수 대중이 가질 수 있도록 함으로

써 사실상 법관의 독립성과 재판의 독립성에 다수 대중이 관여할 수 있도록 할 예정이다. 이러한 법이 제정된다면 과연 법관은 자신에 대한 인사권을 지닌 세력에게 맞서는 판결을 할 수 있을까? 이에 대해 혹자는 국민이 선택한 다수 정치세력을 교체할 수 있으니 큰 문제가 없을 것이라 이야기하겠지만, 국민 다수가 선택한다면 사법부의 판단에서도 자유로워질 수 있다는 것에 대해 찬성하는 국민은 많지 않을 것이다.

사법 민주화는 분명 필요한 의제이다. 하지만 그것이 과도해지면 우리 헌법이 금지하는 인민재판이 횡행할 가능성이 있다. 사법 민주화라는 동전의 뒷면은 사법정치화이기 때문이다. 민주당은 자신들이 수사받을 수 있다는 가능성을 약화시키려는 목적으로 검수완박 입법도 했던 자들이다. 최근 김동아 당선인의 발언은 이재명 민주당 대표가 선거기간 재판에 소환된 것을 두고 한 말이다. 어느 정도 검찰을 마비시키는 데 성공한 민주당은 금번 제22대 국회에서 사법개혁이나 사법 민주화의 명분으로 재판부의 판단을 통제하려 할 것으로 보인다. 그리고 우리는 21세기 대명천지에 인민재판이나 마녀재판이 부활하는 것을 목도할지도 모른다.

인민민주주의 유혹과 파시즘의 전조

　독일은 제1차세계대전의 패전과 함께 제정(帝政)이 철폐되고 공화국으로 변모한다. 바이마르 지역에서 열린 바이마르 헌법을 기반으로 한 전간기의 독일의 공화정은 흔히 바이마르 공화국으로 불린다. 히틀러와 나치당의 집권이라는 결말로 막을 내렸지만 바이마르 공화국의 헌법은 국민의 자유와 권리를 대폭 보장하여 당대에도 가장 현대적인 헌법이라는 평가를 받았고, 현대 헌법에도 많은 영향을 미쳤다.

　의원내각제를 기반으로 한 대의제 민주주의를 원칙으로 하고 있었지만, 일부 직접민주주의적 요소도 헌법에 수용하였고, 정당설립의 자유와 정치 활동의 자유를 폭넓게 보장하여 극좌 정당인 공산당과 극우 정당인 나치당이 같은 의사당에서 활동하는 진풍경을 보여주기도 하였다.

다양한 정치사상을 제한 없이 인정하던 바이마르 공화국은 역설적이게도 그런 이유로 인하여 정치적 안정성을 보장받지 못했다. 의원내각제 정치체제의 특성상 특정 정당이 과반의 다수당이 되기 어려웠고, 바이마르 공화국의 경제적 불안정으로 인해 특정 정치세력이 지속적인 지지를 받기도 어려웠다. 반면 초기에는 극소수의 지지자만을 확보했던 극좌 정당 공산당과 극우 정당 나치당은 점차 의석수를 늘려나가며 영향력을 확대하기 시작하였고, 두 정당의 의석만으로 내각불신임이 가능해지고부터는 연립정부를 구성할 때마다 반복적으로 내각불신임을 의결하여 정부를 해산시켰다. 결국 1933년 1월 독일의 보수파 정치인들은 자신들에게 공산당보다는 가깝다고 느낀 나치당의 히틀러를 총리로 임명하여 내각불신임을 면할 수 있는 내각을 간신히 구성하였다.

그러나 히틀러는 총리에 임명된 이후 국회의사당 방화사건을 빌미로 함께 바이마르 공화국 내각을 줄기차게 불신임했던 공산당 의원들을 체포하고 탄압했으며, 바이마르 공화국 의원들에 대한 지속적 겁박을 통해 바이마르 공화국의 입법권을 의회에서 행정부로 바꾸는 수권법을 1933년 3월 통과시켰다. 수권법 통과와 함께 인류 역사상 정치적으로 가장 자유로웠던 바이마르 공화국은 사실상 사라지게 됐다. 1933년 11월 수권법에 의해 개정된 법률에 따라 나치당만이 단독 출마 가능한 의회 선거가 실시되어 마침내 나치당 일당 독재가 확립되었다. 한편 수권법에 찬성했던 정당들은 1934년까지 나치당에 의해 차례로 해산되었고, 히틀러의 총리 임명 1년 만에 독일에는 나치당 외의 정당이 하나도 남지 않게 되었다.

이와 같은 바이마르 공화국의 아픈 기억은 민주주의 적에게 민주주의를 허용하는 것과 자유의 적에게 자유를 허용하는 것이 얼마나 위험한 일인가를 인류에게 알려주는 계기가 되었다. 결국 제2차 세계대전 이후 현대민주국가의 헌법에는 바이마르 공화국 당시 나치당이나 공산당처럼 민주적 기본질서를 부정하고 일당 독재를 추구하는 정치세력을 막기 위한 방어적 민주주의의 정신에 따라 위헌정당해산제도와 기본권 실효 제도 같은 다양한 대책이 고안되었다.

우리나라 헌법도 헌법 제8조 제4항에서 민주적 기본질서에 반하는 정당을 헌법재판소의 결정에 따라 해산할 수 있다는 위헌정당해산제도를 도입하였고, 통합진보당 해산사건에서 해당 제도가 처음으로 활용된 바 있다. 2014년도에 있었던 통합진보당 해산사건 판례는 우리의 민주적 기본질서를 구성하는 주요 요소들에 대해 설시(說示)하고 있다. 우리의 민주적 기본질서가 포섭할 수 없는 민주주의로서 인민민주주의의 의의에 대해 명확히 설명하고 있으며, 보충의견을 통해 사회민주주의의 경우 우리나라의 민주적 기본질서에서 포용할 수 있음을 밝혔다.

　문제는 통합진보당이 해산되고도 여전히 정치활동을 이어온 통합진보당 출신 정치 인사들의 행보이다. 이들은 다시금 통합진보당을 재건하기 위해 10여 년이 넘는 기간 동안 노력을 하였다. 결국 진보당을 창당하여 지난 제21대 국회에서 보궐선거를 통해 국회에 재입성했다. 금번 제22대 총선에서 지역구 1석, 비례대표 2석 총 3석을 확보했다. 한편 해산 당시 통합진보당의 최대 계파였던 경기동부연합 세력의 인사들 중 다수는 민주당에 입당하여 이재명 대표의 강력한 지지세력이 되었으며, 금번 총선을 통해 당내 주류 세력으로 성장하게 되었다. 통합진보당이 인민민주주의 정당이란 이유로 해산된 이후 10년 만에 우리나라 진보세력의 양대 정당이 통합진보당 출신 세력에 의해 장악된 것은 매우 의미심장한 사건이라 할 수 있다.

　실제 통합진보당 출신 세력들의 지지를 받는 이재명 대표가 주도한 이번 민주당 공천은 '친명횡재 비명횡사'로 요약할 수 있다. 통합진보당 사태가 경기동부연합 세력의 패권적 공천에서 시작된 것과 매우 유사하다. 인민민주주의 사고를 가진 사람들은 역사의 정방향에 맞는 발전을 위해 수단을 정당화하는 경향이 매우 강하다. 대학 시절 운동권에 투신한 선배들이 "민중의 뜻에만 맞으면 일당 독재가 무슨 문제냐?"라고 이야기하는 것에 놀란 적이 있는데 실제 인민민주주의자들은 인민의 의사와 지도자의 의사가 합일할 수 있다면 독재도 가능하다는 생각을 한다. 이것은 인민민주주의를 채택한 대부분의 국가들이 단 한 번의 예외도 없이 독재국가가 되었다는 역사적 사실을 통해서도 증명된다.

최근 총선에서 승리한 민주당은 이재명 대표와 가장 가깝다는 박찬대 의원을 원내대표로 사실상 추대하였다. 출마 단계에서부터 경쟁자의 출마 자체도 없었다. 박찬대 의원이 원내대표로 추대되는 자리에서 이재명 대표는 "당론으로 어렵게 정한 법안들을 개인적인 이유로 반대해 추진이 멈춰버리는 사례를 몇 차례 봤다. 그건 정말 옳지 않다"며 "여러분이 차지하는 그 지위, 역할이 결코 혼자만의 능력으로 만들어 낸 개인의 획득물이 아니다. 앞으로 의정 활동을 하실 때 잊지 말라"고 연설하였다.[**] 개개인이 헌법기관인 국회의원 당선인을 앞에 두고, 검사동일체 원칙에 따르는 검찰독재 정부를 심판하겠다는 거대 야당의 대표가 이미 사라진 검사동일체 원칙보다 더 합일적인 의정 활동을 노골적으로 요구한 것

** 주희연, 〈이재명, 당선자 모아놓고 "개인적 이유로 당론 반대 말라"〉, 조선일보, 2024. 5. 3.

이다. 이미 지난 제21대 국회에서도 당론에 반하는 의정활동을 하는 의원은 소위 개딸들에 의한 집중적 비난과 견제를 감수해야 했고 공천 탈락이라는 수모도 겪어야 했다.

이재명 대표와 개딸들이 건재하는 한 민주당의 171명의 국회의원들은 과거 유신 정부 시절 유정회 의원들이나 전두환 정부 시절 민정당 의원들처럼 단 한 명의 국회의원처럼 행동하게 될 것이다. 많은 사람이 전체주의화는 히틀러와 같은 극우 세력에서만 나타나는 것으로 잘못 알고 있다. 그러나 스탈린, 모택동, 김일성, 카스트로, 차베스 등 대부분의 전체주의자들은 진보 사상을 표방하며 따르고 있다. 그동안 우리나라의 소위 민주진보세력에는 자유주의와 사회민주주의 세력이 혼재되어 있었는데 어느새 전체주의를 지향하는 인민민주주의 세력에 한마디도 할 수 없는 상태로 변해가는 중이다. 특히 금번 총선에서 174석을 획득한 민주당과 진보당은 이미 위헌정당으로 해산된 통합진보당과 유사한 모습으로 변할 위험성을 충분히 지니고 있다. 문제는 위헌 정당으로 해산된 통합진보당과 달리 헌법을 개정하여 위헌 정당을 해산시킬 헌법재판소를 해산시키거나 형해화할 정도의 의석을 가지게 되었다는 점이다. 이미 민주당에서는 사법부의 민주적 통제와 같은 말이 나오고 있으니 이들 세력이 8석의 의석만 더 확보할 수 있게 된다면 우리나라는 더 이상 자유민주주의 국가라 부를 수 없는 나라가 될 수도 있다.

　인민민주주의나 파시즘은 단기적으로 많은 문제를 명쾌하게 해결할 수 있을 것처럼 보인다. 그러나 로베스피에르의 프랑스, 히틀러의 나치 독일, 스탈린의 소련, 모택동의 중국공산당 정부, 김일성의 북한, 카스트로의 쿠바, 카다피의 리비아, 차베스의 베네수엘라처럼 대부분 전 국민에게 대재앙을 가져다주는 비극적 결말을 맞이하였다.

　우리나라 정치의 양 날개 중 한 편을 차지하는 민주진보세력이 인민민주주의나 파시즘을 추종하는 정당으로 변화하는 것은 우리 정치에 있어서도 매우 불행한 일이다. 민주당이 다시금 자유민주주의 체제의 건강한 파트너로 회복될 수 있도록 궤멸 상태에 놓인 자유주의 보수 정치세력의 부활이 절실하다.

탄핵, 탄핵 또 탄핵 그리고…

189석 민주당, 조국혁신당, 진보당 연합은 윤석열 정부 3년도 길다는 생각으로 아래와 같은 순서에 따라 윤석열 정부 탄핵을 몰아붙일 것이 예상된다.

민주당 단독 추천 특검과 언론브리핑이 포함된 특검법 입법

민주당, 조국혁신당, 진보당 연합은 탄핵 사유로 제시할 수 있어 보이는 사건들에 대한 각종 특검법을 지속적으로 발의할 것이다. 특검법에는 야당 단독 추천 특검의 임명과 중간수사 결과에 대한 언론브리핑이 반드시 포함될 것으로 보인다. 지금까지의 특검법을 살펴보면 이 두 가지가 존재하는지 여부에 따라 특검 결과의 파괴력이 달랐다. 이는 다음 표를 통해서도 분명히 알 수 있다.

특검법(본회의 통과 시점)	야당 단독 추천	언론브리핑
드루킹(2018년 5월)	○	○
최순실(2016년 11월)	○	○
내곡동(2012년 9월)	○	×
디도스(2012년 2월)	×	×
스폰서 검사(2010년 6월)	×	×
BBK(2007년 12월)	×	×
삼성 비자금(2007년 11월)	×	×
철도공사 유전개발(2005년 4월)	×	×
노무현 측근 비리(2003년 11월)	×	×
대북송금(2003년 2월)	×	×
이용호 게이트(2001년 11월)	×	×

상기 역대 특검들을 살펴보면 당시 집권당을 완전히 뒤흔든 최순실 사건과 드루킹 사건의 경우 야당 단독 추천 특검이 임명되어 중간중간 수사 내용을 언론브리핑 한 것을 볼 수 있다.

피의사실 공표 수준의 언론브리핑과 대규모 집회

민주당과 조국혁신당은 검찰개혁을 주장하며 검찰이 중간에 피의사실을 공표해서는 안 된다는 것을 강조한다. 그러나 민주당과 조국혁신당, 진보당이 추진하는 특검법들에는 수사 결과를 중도에 언론에 브리핑하는 내용이 반드시 포함될 것이다. 물론 피의사실을 공표하는 수준의 언론브리핑이 이뤄질 것은 충분히 예상할 수 있다. 우리가 수사기관의 피의사실 공표를 엄격히 금지하고 있는 것은 충분한 방어권 행사가 되지 않은 상태에서 섣불리 여론재판이 생기지 않도록 하기 위함이 크지만 민주당과 조국혁신당, 진보당 연합의 특검법은 여론재판을 불러일으키려는 목적이 클 것이기에 이러한 언론브리핑 때마다 여론재판을 유도하는 대규모 장외집회가 병행될 것이 분명하다.

검사 탄핵으로 이재명과 조국에 대한 수사 원천봉쇄

특검의 과정에서 여론재판을 유도하는 데 방해가 되는 이재명과 조국에 대한 수사는 검사 탄핵을 통해 철저히 봉쇄한다. 대통령과 달리 검사에 대한 탄핵은 과반만 있으면 되니 민주당 단독으로도 언제든 가능하다.

검사에 대한 탄핵이 가능한지에 대해 검찰청법 제37조 검찰의 신분 보장 조항인 "검사는 탄핵이나 금고 이상의 형을 선고받은 경우를 제외하고는 파면되지 아니하며, 징계처분이나 적격심사에 의하지 아니하고는 해임·면직·정직·감봉·견책 또는 퇴직의 처분을 받지 아니한다"를 반대로 해석해 탄핵으로는 검사를 파면할 수 있다는 학설이 있었을 뿐인데, 올해 선고된 〈2023헌나2〉 사건에서 헌법재판소는 검사 탄핵이 가능함을 확정했다.

이제 민주당과 조국신당, 진보당 연합은 이재명과 조국을 열심히 수사하는 검사들에 대해 거침없는 탄핵소추 의결을 할 것이다. 일단 탄핵소추 의결만 하면 검사의 직무는 정지되기에 수사를 지체시킬 수 있기 때문이다. 또한 이재명과 조국을 열심히 수사하는 검사를 탄핵하는 것은 이재명과 조국 수사를 하려는 사람들에게 강력한 신호를 줄 수도 있다.

> 민주당은 지난 22~23일 워크숍에서는 "검사·장관 등에 대한 국회의 탄핵 권한을 활용해 개혁국회를 강화하겠다"고 밝혔다. 지도부 내에서는 "검사 10명 정도는 탄핵해야 한다"는 얘기까지 나온다.
>
> _나윤석·민정혜, 〈민주, 특검법 최소 5건 추진…
> "검사도 10명쯤 탄핵해야"[22대 국회도 '거야 독주']〉, 문화일보,
> 2024.05.31.

위의 기사를 보면 앞으로 이재명과 조국 등을 수사하는 검사를 거침없이 탄핵하겠다는 민주당의 강력한 의지를 확인할 수 있다.

야당이 추천한 특검의 기소와 공소장에 '공소외 윤석열' 적시

민주당, 조국혁신당, 진보당이 추천한 특검은 기어코 임기 중 불소추특권을 가진 대통령을 제외한 기소를 하며, 공소장에 '공소외 윤석열'을 적시한다. 이것은 박근혜 탄핵 과정에서 쓰였던 방법이기도 하다. 일반적으로 판결이 확정될 때까지 무죄추정 원칙이 지켜지는 국민들과 달리 임기 중 불소추특권이 있는 대통령의 특징을 역으로 활용하는 방식이다. 재판은 대통령에서 물러나거나 임기가 끝나야 가능하다는 점에서 일단 공소장에 특검이 단독으로 판단해 '공소외 윤석열'을 기재한 뒤 법조인인 특검이 혐의를 인정했으나 임기가 끝나기 전에는 재판을 하여 죄를 다툴 수 없으니 정치적으로 탄핵을 통해 책임을 물어야 한다는 논리를 구성하는 것이다.

대통령 탄핵열차의 출발

민주당, 조국혁신당, 진보당이 추천한 특검이 단독으로 판단하여 기소한 공소장에 '공소외 윤석열'이 적시되고 나면, 마치 혐의가 기정사실이 된 듯한 보도가 연달아 이어지게 한 뒤 대규모 광화문 촛불집회를 개최한다. 이러한 민심의 반영이라는 명분으로 여의도에서는 대통령에 대한 탄핵소추안이 발의된다. 민주당, 조국혁신당, 진보당 연합만으로는 200석의 대통령 탄핵정족수를 채울 수 없지만 3석의 개혁신당과 8석의 국민의힘 반란표가 모이면 탄핵 의결이 가능해진다.

민주당과 조국혁신당은 최근 검수완박 시즌2 입법을 위한 토론회를 개최하였고, 이 토론회에서 '특검-탄핵-검찰개혁'의 로드맵이 제시되었다.

> 이날 토론회 발제자로 참석한 서보학 경희대 법학전문대학원 교수는 "수사권이 없는 검사가 독점적으로 영장 청구권을 갖는 것은 논리적 모순"이라며 "향후 헌법 개정 시 검사의 독점적 영장 청구권 조항이 반드시 삭제되어야 한다"고 주장했다. 서 교수는 "(검수완박을) 22대 국회 개원 6개월 이내에 마무리해야 한다"고 하기도 했다.
>
> 서 교수는 "(채상병 특검 등으로) 탄핵이 되면 조기에 정부가 교체될 가능성도 있다. 정권이 어떤 식으로 바뀌더라도 신속하게 검찰개혁을 최우선 과제로 추진해야 한다"는 '특검-탄핵-검찰개혁 3단계 로드맵' 주장도 했다.
>
> _강성휘·전주영·장은지, 〈민주-조국당, 검수완박 시즌2 연대…
> "6개월 내 마무리"〉, 동아일보, 2024.05.09.

민주당과 조국혁신당, 진보당 연합은 궁극적으로 자신들의 장기

집권이 가능한 헌법 개정까지 밀어붙일 것이 충분히 예상된다. 대한민국의 DNA를 완전히 바꿀 이들의 시도를 막아낼 수 있으려면 보수의 부활이 반드시 필요하다.

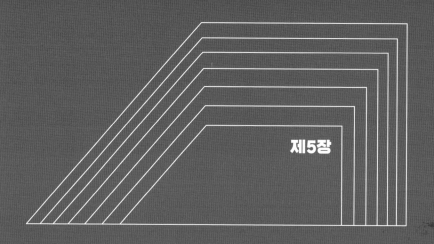

제5장

동료 시민의
귀환을 위하여

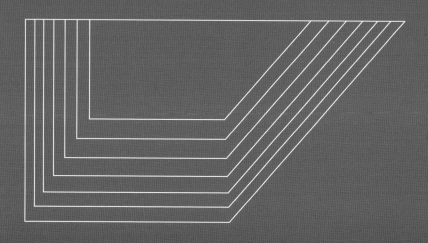

거대 서사가 사라지고 심판론만 남았던 22대 총선

한동훈 비상대책위원장은 취임 이후 동료 시민과 피벗 플레이를 강조하였다. 각각의 동료 시민이 역동적이고 박력 있는 활동을 하면서도 공공선에서 한 발을 고정해 두고 있는 피벗 플레이는 공동체와 자유주의를 결합한 공동체 자유주의를 내세웠던 것으로 해석된다. 공동체 자유주의는 신자유주의 시대 이후 우리나라 보수세력이 선거에서 연패하며 내세운 대표적 대안 중 하나이다. 냉전의 시대가 끝나고 90년대 동서화합의 시대가 열리며 대결 일변도였던 우리나라의 양대 정치세력은 새로운 대안을 모색하였다. 진보진영에서 우파의 전유물처럼 느껴졌던 자유주의를 포섭하며 등장한 최장집의 진보적 자유주의와 보수진영에서 공동체적 가치를 강조하며 등장한 공동체 자유주의는 그 산물이었다. 한동훈은 바로 그 공동체 자유주의의 연장선상에서 금번 선거를 치를 생각이었던 것으로 보인다.

그에 비하여 이재명과 조국이 이끌던 범야권 세력은 최장집의 진보적 자유주의보다 더 왼쪽에서 선거를 치렀다. 기본소득과 지역화폐 그리고 직접민주주의로 요약될 수 있는 이재명의 생각은 자유주의와 시장을 질식시킬 수도 있는 것이지만, 이번 선거에서 주된 쟁점으로 다뤄지지 못했다. 의도적이었는지는 모르지만 25만 원 전국민 지원금 외에 민주당은 정책을 앞장세워 선거를 치르지 않았다. 오직 '이채양명주'라는 구호로 요약되는 정권심판론을 내세웠을 뿐이다. 대파 논쟁 역시 대파 가격이 왜 그렇게 올랐는지에 대한 분석까지 나가지 않고 대파 가격에 대한 윤석열 대통령의 태도만을 문제 삼으며 대파 가격 발언 조롱을 하나의 놀이로 승화시키고 희화화했다. 정치를 예능으로 전락시키는 민주당의 선거전략 앞에 국민의힘의 정책과 공약은 너무 무겁고 재미없는 것으로 여겨졌다. 그래도 민주당이 친명횡재 비명횡사 공천으로 논란이 생기던 2월에는 국민택배라는 형식으로 신선한 정책과 공약을 하나씩 내놓던 국민의힘의 정책 제시가 유권자들의 주목을 받을 수 있었다. 그러나 이종섭·황상무와 대파 사태가 연달아 터진 3월 이후에는 민주당의 심판론이 힘을 받으며 국민의힘의 정책선거는 아무런 주목도 받지 못했다. 결국 국민의힘도 전통 지지층의 결집을 위해 이조심판론 등의 심판론으로 맞불을 놓으며 금번 총선은 우리나라 정치사와 지성사에 아무런 성과를 내놓지 못하고 오로지 유권자들에게 "저쪽이 더 나빠요"라는 심판론으로 치러진 선거로 마무리되었다.

미래에 대한 아무런 비전도 제시하고 논의하지 못했기에 총선이 끝나고도 심판론 실현에 대한 공방전만이 이어질 뿐 대한민국이 어떠한 나라가 될 것이라는 기대를 불러일으키지 못하고 있다. 그래도 참여민주주의, 747, 주가 5000, 한반도 대운하, 경제민주화, 기본소득 등의 의제를 두고 치열히 논쟁하던 이전의 대선 및 총선들과는 확연히 다른 모습이다.

이러한 일종의 정치적 퇴행 현상은 양대 정치세력 모두 국민에게 소구할 새로운 정치적 경제적 이념을 내놓지 못하는 사상의 빈곤에서 시작되었다. 보수세력은 IMF와 금융위기, 신자유주의 시대를 거치며 중산층이 붕괴하고 자신들이 약속한 사다리가 작동하지 않게 됨으로써 잃고 있는 지지를 되찾기 위해 공동체 자유주의, 따뜻한 보수, 인간의 얼굴을 한 자본주의 등을 내세웠다. 그러나 아무리 공동체를 강조하고 따뜻함과 인간성을 강조하며 복지를 확장해도 애초 평등을 전면적으로 지향하는 진보세력에 비할 수 없는 수준이고, 과거 수준의 사다리도 회복하지 못했기에 유권자들의 지지를 끌어낼 수 없었다. 반면 진보세력 역시 어려움에 봉착하고 있다. 보편 복지를 실현하기 위해 필수적인 증세가 인기를 가지기 어렵다는 점과, 시장경제에 대한 몰이해를 기반으로 한 각종 규제책과 현금성 복지정책이 주택가격 등 물가를 올리는 치명적 결과로 이어진다는 점에서 예전처럼 마음 편하게 보편 복지와 현금성 복지의 실현만 외칠 수는 없게 된 것이다.

결국 한계에 봉착한 양 진영이 서로에 대해 법적 윤리적 비난만 하는 선거를 치르는 지경까지 이르게 되었다. 더 심각한 것은 민주당과 소위 진보세력들은 상대를 일종의 사회적 '이지메' 방식으로 희화화하고 오락화하여 비난하는 선거 캠페인을 진행하였고 그것이 효과를 보았다는 점이다. 지금 같은 상황이 계속된다면 민주당은 개딸 전체주의를 넘어 일종의 신종 파시즘 정당으로 변모할 가능성이 매우 높다.

다행인 것은 우리나라 국민이 네거티브 정치세력만 지지해 왔던 게 아니라는 점이다. 2008년 이명박과 정동영의 대통령 선거 당시 MBC를 비롯한 진보진영 언론들은 집요하게 이명박 후보에 대한 네거티브 보도를 했다. 당시 대통합민주신당은 전과 14범과 BBK 의혹을 알리는 네거티브 캠페인에 몰두하였다. 그러나 선거 결과는 유래없는 이명박 후보의 압승이었다. 산업화 시대의 주역이자 경제인 출신인 이명박 후보가 내세운 747 및 주가 5000, 그리고 한반도 대운하 공약 등 새로운 비전에 국민들이 압도적 지지를 보냈기 때문이다. 민주당 등은 이명박 정부 내내 광우병 촛불집회, 4대강 반대 운동 등 네거티브에만 집중하였지만 4년 뒤 경제민주화라는 새로운 비전을 내세운 박근혜 후보에게 또다시 패배하였다. 민주당 등 민주진보세력이 다시 선거에서 이기기 시작한 것은 초등학생 무상급식으로 대표되는 보편 복지를 새로운 비전으로 제시한 후였다. 이명박 정부 당시부터 이어진 10여 년의 보수 집권 기간 동안 약속했던 성장이 실현되지 못하자, 민주당이 제시한 보편 복지와 따뜻한 개천론이 국민들의 지지를 받기 시작한 것이다.

하지만 현재는 민주당이 약속한 보편복지와 따뜻한 개천론의 뚜렷한 한계와 실체가 국민들에게 알려지기 시작했다. 워낙 경제가 좋지 못하다 보니 민주당이 약속하는 현금성 복지에 대한 소구가 여전히 존재하지만 민주당의 보편 복지와 현금성 복지는 물가 상승의 주요 요인이 될 수 있다는 점을 깨닫는 사람들이 점점 늘어나고 있다. 민주당도 그것을 알고 있었을 것이기에 금번 선거를 정책선거가 아닌 정부심판 선거로 치르고 선거 막바지 대파 논쟁이 떠오르자 비로소 전국민 25만 원 지원금을 승부수로 내놓았다고 생각한다.

이처럼 현재 우리나라의 양대 정치세력 모두 변화하는 시대와 추락하는 경제 상황에 걸맞은 일종의 거대서사를 만들어내지 못하고 있다. 그로 인해 이번 총선이 아무런 꿈도 희망도 없는 심판론 선거가 될 수밖에 없었지만, 2000년대 이후로 한정하더라도 이러한 선거는 매우 예외적이며 지속되지 않을 것이다. 윤석열 정부의 영향력이 여전히 남아있을 지방선거까지는 몰라도 다음 대통령 선거 때는 국민들에게 새로운 비전을 줄 수 있는 정치세력이 선택될 것이 분명하다. 보수와 진보 중 그 3년의 시간 동안 국민의 가슴을 뛰게 할 비전을 찾아낸 정당이 선거에서 승리하고 앞으로 최소 10여 년은 우리 사회의 담론을 지배할 것이라고 생각한다.

유럽 그리고 미국의 명과 암

우리나라는 오랫동안 유럽과 미국을 국가 발전의 모델로 삼아왔다. 거칠게 나눠보자면 보수우파 진영에서는 미국을, 진보좌파 진영에서는 유럽을 각각 우리나라가 닮아야 할 모범으로 제시해 왔다. 실제 각 대학의 교수진을 살펴봐도 미국이나 영국, 프랑스, 독일 등 유럽에서 박사 학위를 받은 경우가 대부분이며 어떤 법제를 도입할 때도 미국이나 유럽 또는 일본의 전례가 있어야 했다. 건국 80여 년간 후진국에서 선진국으로 빠르게 발전하는 과정에서 우리보다 앞선 국가들의 사례를 살피는 것은 당연한 일이다. 하지만 대한민국 이전 500여 년간 지속된 사대주의의 영향인지 때로는 그 정도가 심하여 맹종의 수준에 이르는 경우가 많았다.

예컨대 민주당 등 진보진영은 우리 사회가 궁극적으로 스웨덴이나 핀란드와 같은 북유럽 국가와 같아져야 한다고 주장한다. 과연 스웨덴이나 핀란드와 같은 북유럽 국가들은 우리나라 진보진영에서 이야기하는 것처럼 지상낙원과 같은 곳일까? 2022년 스웨덴 총선의 결과가 이에 대한 답을 보여준다. 스웨덴은 지난 43년간 제1당은 중도좌파 사민주의 정당인 사민당이 차지하고 제2당은 중도우파 보수정당인 온건당이 차지하는 양당제를 유지해 왔다. 그러나 2022년 총선에서 이 구도가 깨지고 극우 정당인 스웨덴 민주당이 원내 2당이 되며 범보수진영 제1당의 지위를 차지하였다. 지상낙원 복지 천국에서 난민과 이민자 축출을 이야기하는 극우 정당이 어떻게 제2당의 지위를 차지하게 된 것일까? 우리나라의 민주당 등 진보진영은 그동안 '요람에서 무덤까지'로 요약되는 북유럽 복지의 혜택만을 이야기하였을 뿐 그 재원에 대한 이야기는 하지 않았다는 점에서 해답을 찾을 수 있다.

OECD에 따르면 조세에 대한 스웨덴의 국민 부담률은 40%대로 OECD 평균인 33.8%(2019년 기준)나 한국의 27.8%보다 높다. 세금 대부분은 중산층 주머니에서 나온다. 스웨덴 소득세 최저세율은 32%로 한국의 6.6%에 비해 훨씬 높다. 연봉 6,800만 원은 스웨덴에서 근로자 평균 연봉의 1.5배를 넘길 정도이지만 소득세 최고세율(평균 52%)로 진입하는 기준 연봉이다. 적용 대상은 전일제 근로자 3

명 중 1명꼴이다. 스웨덴에서 소득이 있는 곳에는 반드시 세금이 있다. 근로자 중 세금을 내지 않는 비율은 6.6%에 불과하다. 그러나 재산이 있는 곳에는 세금이 없을 수도 있다. 스웨덴 총 조세액 중 재산 관련 세금인 부동산 보유세와 취득세, 상속·증여세가 차지하는 비율은 2%에 그친다. 한국은 12%다. 스웨덴은 2004년 상속세 및 증여세 폐지를 선언했다. 가족 기업이 많은데 높은 상속세 때문에 기업들의 해외 이전 러시가 이어졌기 때문이다. 2008년엔 자산 총액이 2억 원을 넘을 경우 기준액 초과분에 1.5%만큼 부과되던 부유세마저 폐지됐다. 부자들이 세금을 피해 재산을 은닉한다는 이유 때문이었다. 그 결과 10억 달러 이상 자산을 가진 스웨덴 부자들 중 상속받아 부를 축적한 비율은 63.2%다.

_곽아람, 〈"천국 같은 북유럽?…3명 중 1명은 소득 절반
세금으로 내"〉, 조선일보, 2022.01.15.

위 조선일보 기사 내용을 살피면 우리나라 진보진영이 찬양해 마지않는 스웨덴의 불편한 진실이 고스란히 드러난다. 소득세 최저세율이 무려 32%이고, 연봉이 6,800만 원만 넘으면 52%를 세금으로 내야 한다. 그에 비하여 상속·증여세는 아예 존재하지 않

고 부유세도 폐지되었다. 기득권인 부유층에게는 세제 혜택을 통해 자본과 산업의 국외 탈출은 막으면서 노동자 서민에게 중과세한 재원으로 진보진영이 그토록 부러워하는 복지를 하고 있는 것이다.

사실 스웨덴의 복지라는 것도 과장된 측면이 크다. 스웨덴이 자랑하는 무상의료 체계는 코로나 사태 초기 아무런 효력을 발휘하지 못했다. 스웨덴의 무상의료 시스템의 혜택을 누리려면 최소 1개월은 대기해야 하고 증상을 최대한 부풀리지 않는 한 의사를 만나기도 어렵다. 그것은 스웨덴의 인구 1,000명당 병상수가 OECD 평균인 4.7개의 절반 수준인 2.1개뿐이라는 점 때문이기도 하다. 반면 민간과 공공 의료를 절묘하게 섞은 의료보험 시스템이 있는 우리나라의 인구 1,000명당 병상 수는 12.4개로 스웨덴의 6배에 달한다.

자국의 노동자 서민들에게 중과세하고서도, 사실 알고 보면 우리나라보다 못한 수준의 복지를 제공하면서 소득에 대한 중과세로 사다리를 탈 기회조차 거의 박탈되어 있는데 북유럽의 사민주의 정당들은 '정치적 올바름'을 내세워 난민이나 이민자들을 우선 보호하려는 태도를 견지한다. 그래도 40여 년 넘게 정치적 올바름에 대한 믿음으로 버텨오던 북유럽 국가 국민의 분노가 결집하여 터진 것이 2022년 스웨덴 총선이었다.

유럽의 극우 바람은 비단 스웨덴뿐만이 아니다. 그동안 유럽은 우리나라 진보진영의 꿈과 이상향과 같은 곳에 걸맞게 사민주의와 정치적 올바름의 본고장과 같은 곳이었다. 그러나 추락하는 생산성과 치솟는 복지 비용, 이민자와 난민 문제 등이 겹치며 극우 세력들의 정치적 목소리가 점점 커지고 있다. 스웨덴 민주당, 프랑스 국민전선, 독일을 위한 대안 등이 의회에서 유의미한 의석수를 차지하기 시작하고 있고 심지어 이탈리아에서는 극우 정당인 이탈리아 형제들이 집권하였다.

이러한 현상에 대해 프랑스의 마크롱 대통령이 최근 《이코노미스트》지와 가진 인터뷰는 이처럼 변화하는 상황에서 유럽이 가진 고민과 위기감을 아주 잘 보여준다.

이코노미스트

　유럽연합과 미국 사이를 나눈 것은 무엇이라 생각하는가?

마크롱

　미국은 여전히 우리의 가장 큰 동맹국이다. 그리고 우리는 그들이 필요하다. 우리는 서로 가까우며 동일한 가치를 지닌다. 나는 미국과 유럽의 관계를 중요하게 여기고 있으며, 트럼프 대통령과의 관계에서 많은 노력을 하였다. 하지만 우리는 처음으로 단일한 유럽에 대한 생각을 공유하지 않는 미국 대통령을 만났다. 이에 우리는 나름대로 판단해 볼 수밖에 없다. 그 결과는 현재의 시리아에서 잘 나타난다. 유럽의 안보를 보장하던 동맹은 더 이상 유럽과 이전처럼 관계를 맺으려 하지 않는다. 따라서 우리의 안보와 국방, 그리고 주권에 대해 다시 생각해 봐야 한다. 나는 취임 이래 유럽의 군사적 및 기술적 주권에 대해 계속해서 강조해 왔다.

현재 유럽은 첫째, 점차 역사를 상실하고 있다, 둘째, 미국의 전략변화를 경험 중이다, 셋째, 지난 15년 동안 강대국으로서 중국이 부상하는 재조정으로 양극화의 위험이 초래되었고 유럽은 소외되고 있다. 그리고 소위 'G2'의 위험성에 더하여, 유럽의 주변부에서 권위주의적인 세력이 다시 등장하고 있는데 이는 유럽을 매우 약하게 만들고 있다. 터키와 러시아로 대표되는 권위주의 세력의 재등장, 그리고 아랍 민주화의 결과는 유럽의 혼란을 가져오고 있다.

이 모든 것으로 인해 유럽은 전례 없이 허약해지고 있는데, 유럽 스스로 세계 강국이라 여기지 않는다면, 유럽은 결국 사라질 것이다. 이 모든 것에 덧붙여 유럽은 10년 전에 시작된 경제적, 사회적, 도덕적, 정치적 내부 위기로 고통받고 있다. 유럽에 무력충돌이나 내전이 다시 일어나고 있진 않지만, 이기적인 민족주의가 퍼지고 있다. 유럽에서는 경제 문제에 대해 남북이, 이주 문제에 대해서는 동서로 갈라졌으며, 포퓰리즘이 부활하고 있다. 이 두 가지 위기는 특히 중산층을 위협한다. 세금을 인상하고, 잘못된 예산정책을 집행하는 과정이 특히 그러하다. 나는 그것이 일종의 역사적 실수라 생각한다. 그리고 공교롭게도 그것이 유럽 전역에서 발생하는 극단주의 발흥의 배경이다. 유럽은 점점 통치하기 어려운 곳이 되고 있다.

앞서 언급한 문제 외에도, 유럽의 정당정치는 취약하다. 독일, 이탈리아, 스페인, 벨기에의 예를 보라. 또는 영국이나 프랑스를 보라. 물론 프랑스에서 2022년까지는 우리 정당이 다수파를 점유할 수 있다. 하지만 프랑스 또한 매우 힘든 사회적 위기를 겪었고 지금도 겪고 있다. 단 한 유럽 국가도 예외일 수 없다. 자유민주주의에 등을 돌리고, 훨씬 더 강경해지기로 결정한 나라들을 제외하면 모두 위기를 겪고 있다. 그런 맥락에서 헝가리와 폴란드는 위기를 비껴갈지 모른다.

이런 여러 가지 요인을 살핀다면 나의 말이 이 딱히 비관적이거나 지나치게 우울한 전망은 아니다. 다만 우리가 깨어나거나 이 상황을 직시하고 뭔가 조치를 취하지 않는다면 장기적으로 유럽은 지정학적으로 사라지거나 적어도 유럽 스스로 우리의 운명을 결정짓지 못할 위험성이 상당히 크다. 나는 그것을 매우 우려하고 있다.

_〈Emmanuel Macron in his own words (English)〉,

The Economist, 2024.05.02.

그렇다면 마크롱 대통령이 그토록 부러워하고, 우리나라 보수우파가 이상향으로 여기는 미국은 어떠할까? 미국은 여전히 전 세계에서 가장 강력한 힘을 가진 국가이며 압도적인 국방력과 경제력을 보유하고 있다. 그러나 미국의 평범한 국민의 삶을 살펴보면 미국을 세계 유일의 최강대국으로 부를 수 있는지 의문인 점도 많다. 미국의 극우 사상인 트럼피즘을 가장 강하게 지지하는 5대호 연안의 경우 치안과 경제력이 모두 붕괴된 지 오래이며, 그중 플린트시와 같은 곳에서는 수돗물에 다량의 중금속이 섞여 나와도 이를 해결하지 못하는 실정이다. 소위 공공 부문과 사회 안전망이 완전히 무너져 버렸다. 뉴욕이나 시카고, 디트로이트 등 미국의 대표적인 대도시의 도심에서 마약에 중독된 홈리스들을 길거리에서 만나는 것은 어려운 일이 아니게 되었고, 세계적으로도 높은 의료비는 많은 국민이 개발도상국 수준의 필수 의료도 받을 수 없게 하였다. 미국의 공교육은 하루가 다르게 후퇴하고 있으며 전통적 가족 개념과 공동체 개념이 붕괴하는데 복지는 이를 따라오지 못하다 보니 소외된 개인들의 삶은 점점 더 비참해져 가고 있다.

특히 마약 문제가 매우 심각한데 2015년에 5만 3,000명이었던 미국 내 약물 중독 사망자 수는 2022년 11만 명으로 2배 넘게 증가하였다. 10년의 베트남 전쟁 기간 동안 사망자 수가 5만 8,220명이었다는 점과 비교하면 베트남 전쟁에서 전사한 사람의 두 배의 인원이 매년 마약 중독으로 사망하고 있는 실정이다. 부패한 의사들과 제약업체에 의해 마약성 진통제가 무분별하게 처방되고 판매되었고 마약에 대해 관대한 문화가 더해지며 미국의 마약 문제는 이제 돌이킬 수 없는 수준에 이르고 있다. 미국 정부는 뒤늦게서야 2022년에만 54조 원을 들여 마약 문제 해결에 나서고 있으나 마약 중독자의 수는 매년 늘어나고 있을 뿐이다.

국제적으로는 비록 여전히 세계 최고의 초 강대국적 면모를 보이고 있지만 보통의 사람들의 삶을 살펴보았을 때 과도한 교육비 등으로 아메리칸드림은 이제 꿈에 불과한 것이 되었다. 한번 도태된 사람은 다시 일어서기 힘들 정도로 사회안전망이 존재하지 않는 미국 사회가 우리의 사회적 모델이 되기는 어려울 것이다.

이제 우리는 유럽과 미국에 대해 맹목적으로 추종하던 과거의 모습에서 벗어나 엄연한 선진국의 지위에 걸맞은 우리나라만의 성장과 복지 모델을 찾아낼 필요가 있다. 우리나라의 좌와 우, 보수와 진보 중 그러한 모델과 비전을 먼저 찾아내는 세력이 향후 국민에게 선택받는 정치세력이 될 것이다. 다만 어떠한 경우에도 전체주의적이고 반인도주의적이며 퇴행적인 면모까지 지닌 중국과 북한이 우리나라의 발전 모델이 되어서는 안 된다.

보수 재집권 전략

성장과 발전에 대한 신뢰 회복

대한민국은 인류사에 유래없는 경제발전을 이루었고, 그 과정에서 정치·사회·문화의 대격변을 불과 3세대 만에 이루었다. 나의 할아버지는 경북 문경 산골 밀양 박씨 씨족 마을에서 대대로 농사를 짓던 농부였다. 동네 아이들을 모아놓고 한학을 가르치는 훈장 노릇도 하셨지만 직접 농사를 짓고 그것을 시장과 정부에 팔고 생활을 이어가던 전형적인 자영농이었다. 평생을 흙으로 지은 토담집에서 살았고 박정희 대통령 때 슬레이트 지붕으로 바뀐 안채와 달리 할아버지가 머물던 사랑채는 할아버지께서 돌아가시던 2007년까지 초가지붕이었다. 내가 중학교 2학년 때 할머니께서 돌아가셨는데 그때만 해도 경북지방 골골마다 남아있던 유림의 후손들이 갓 쓰고 도포 두르고 상가집인 우리 집에 문상을 왔다. 씨족 마을이다 보니 명절이면 여러 집을 돌아다니며 제사를 지냈는데 종갓집을 시작으로 다섯 곳의 제사를 지내고 세 곳의 산을 타며 성묘를 다녀오고 나면 하루해가 저물었다.

　나의 아버지는 전통적 유교적 풍토가 가득한 집안의 장손으로 태어나 평생 농사를 지으며 제사를 지내는 것이 예정된 분이었다. 실제 제주 노릇을 해야 하는 종손이나 장손들은 대도시로 공부하러 가고 사업하러 가는 동생들과 달리 고향에서 조상의 묘를 지키며 사는 것이 당연한 시대였다. 한창 산업화와 고도성장기 초입에 들어갈 시기에 조상들의 제사를 모시며 농부로 살아가기 싫었던 나의 아버지는 집안의 반대를 무릅쓰고 고등학교 시절 대도시인 대구로 홀로 유학을 떠난다. 할아버지께서는 아버지가 공부하는 것을 반대하셨다. 이에 나의 아버지는 스스로 학비를 벌기 위해 낮에는 구두를 닦고 '아이스께끼'를 파는 등의 일을 하며 대구의 경북공업고등학교의 야간부를 졸업하였다. 대학을 진학할 돈은 없었기에 공업고등학교만 졸업한 뒤 대구에서 가장 큰 방직회사였던 삼호방직의 엔지니어로 입사하셨다. 그리고 그곳에서 여공으로 일하던 나의 어머니를 만나 연애를 하고 결혼을 한 뒤 상경하여 서울 구로구 가리봉동 단칸방에서 신혼살림을 차렸다. 나의 아버지는 전통적 유교 집안의 장손으로 태어났지만 그 당시 불어온 근대화와 산업화의 영향을 받아 근대인의 삶을 선택하였다. 그러나 사고방식에는 어린 시절부터 받아 온 유교적 교육의 잔재는 여전히 남아있었다.

나는 1979년 부모님이 살고 계시던 서울 구로구 가리봉동 인근 산부인과에서 태어났다. 초등학교 고학년 때까지 정부미를 먹고 친구들이 다니던 속셈학원 하나 다니지 못하는 가난한 환경이었지만, 성실하게 일하고 저축하며 조금씩 자산을 불려 나가는 부모님을 보며 충실히 공교육을 따라가는 학창시절을 보냈다. 아직 고도성장을 하던 나의 어린 시절 세상이 가장 중요하게 여긴 가치는 성실과 저축이었다. 학교에서는 학력 우수상보다 개근상을 더 우대했고 매년 저축왕에게 상을 주었다. 나의 부모님처럼 대학교를 나오지 않아도 20대 초에 취업하고 결혼한 뒤 성실히 일하고 착실히 저축하면 아이가 초등학교에 입학할 때쯤 10평대 주공아파트 한 채쯤 살 수 있는 세상이었다. 지금은 상상도 할 수 없는 이야기지만 내가 초등학교 1학년에 입학하던 1986년에는 서울 반포나 인천 가좌나 주공아파트 분양가가 큰 차이가 나지 않았다. 대기업과 중소기업의 급여 차이도 많지 않았다. 나의 아버지는 삼성동 무역센터와 인천 효성동 공단 소재 중소기업 중 월급을 조금 더 주던 후자를 직장으로 선택했고 직장 근처인 인천 서구 가좌동의 주공아파트를 분양받았다. 재형저축과 주택부금이 13평 주공아파트 구매에 도움을 줬다고 한다. 개도국 시절 모두가 가난했기에 빈부 격차도 지금만큼 크진 않았고, 국산품 애용의 분위기 속에 명품이

라 해봐야 나이키나 아디다스 정도가 전부였기에 상대적 박탈감
도 적었다.

　오늘날에는 스스로를 중산층이라 생각하는 사람을 찾아보기 힘
들지만, 나의 성장기에는 대부분의 사람들이 스스로를 중산층이
라 여겼다. 어린 시절을 떠올리면 상시적인 물질적 결핍의 기억이
가득한데 나의 부모님은 지금도 그때는 중산층 정도였다 생각하
신다. 박정희 대통령 이후 우리나라의 경제성장 모델이 지향한 바
는 모든 사람이 중산층으로 평등해지는 일본식 총중류 사회였다.
제2차 세계대전 패망 이후 고도의 경제성장을 이룬 1970년대 일
본에서는 '1억 총중류'란 말이 유행이었다. 당시 일본인들은 대부
분 이층집, 컬러TV, 승용차를 보유하였다. 우리나라 역시 비슷하
여 1980년대에는 자신을 중산층이라 여기는 국민 비율이 75%에
달했다. 지금 비록 좀 가난하더라도 성실히 노력하다 보면 부유해
질 수 있으리란 낙관이 사회 전반에 흐르던 시절이었다. 정치적으
로는 보수우파의 최전성기이기도 했다.
　박정희 정부 이후 보수우파 정부는 강력한 국가 주도형 경제개
발 모델을 추진하며 빈부 격차를 최소화하는 방향으로 사회를 설
계해 나갔다. 대기업과 중소기업 그리고 임원과 직원 간의 임금
격차를 최소화하였다. 또한 동일 직급이라면 성과에 있어 차이

가 있더라도 거의 같은 임금을 받도록 하였다. 재형저축과 청약 저축 등의 상품을 통해 임금 노동자의 저축을 유도하고 평범한 임금 노동자가 저축을 통해 마련한 계약금으로 내집마련을 하고 주택부금 상환이란 방식으로 차분히 집값을 갚아 나갈 수 있는 방법을 제시하였다. 고도성장기였기 때문에 청약으로 내집마련을 한 임금 노동자의 집은 주택부금 상환기간 동안 몇 배씩 올라 평범한 노동자들이 집 한 채만큼은 자산으로 가진 중산층으로 성장할 수 있었다.

이 시기를 배경으로 쓰인 조세희 작가의 《난장이가 쏘아올린 작은 공》을 보면 이러한 중산층을 상징하는 윤신애의 가족이 등장한다. 해석의 여지는 있지만 대표적인 진보적 작가로 분류되는 조세희 작가 또한 윤신애 가족의 평범하고 따뜻한 삶을 우리 사회가 나아가야 할 방향으로 제시하였다.

진보적 성향의 소설가까지 미래 사회의 희망으로 생각한 중산층 중심의 고도성장기는 IMF와 함께 완전히 끝장난다. 그리고 서민과 중산층 계층에게 해왔던 보수의 약속도 완전히 깨져 버린다. 그동안 우리나라의 보수는 열심히 성실히 노동하고 저축하면 아이가 학교에 가기 전까지 최소한 삶의 터전을 마련할 수 있고, 그렇게 마련한 집은 경제성장과 함께 가치가 증진되면서 사업자금이나 노후자금으로 활용할 수 있음을 약속하였다. 덕분에 근면과 성실 그리고 저축이 대표적 사회적 미덕으로 취급되었고 게으르고 사치하며 낭비하는 사람들은 아무리 부자여도 사회적으로 비난받았다. 그러나 1997년의 IMF 사태 이후 보수가 제시한 약속을 지키는 과정에서 자리 잡은 평생고용 및 정규직 제도와 동일직급 동일임금 원칙 등이 시장경제에 맞지 않는 비효율적 제도로 치부되어 폐기되었다. 저축을 장려하고 사치를 비난하는 사회 문화 역시 내수시장 및 경제성장을 방해하는 구시대적 사고방식으로 치부되며 명품소비로 대비되는 사치 및 소비 장려의 문화가 일반화되기 시작하였다.

정규직 중에서도 대기업 안에서도 임원과 직원의 임금에 격차가 생기고, 직원들도 성과에 따라 임금 격차가 생기는 것을 당연시하며, 대기업과 중소기업의 임금 격차는 두 배 이상 벌어지고, 사치와 소비가 장려되는 가운데 세계적인 프랜차이즈 업체들이 골목상권의 작은 업종들까지 모두 장악하며, 부자와 빈자의 생활 수준과 소비 문화가 현격히 달라지기 시작했다. 극단적 양극화가 이뤄진 격차 사회가 자리 잡았고, 자신을 중산층이라 생각하는 사람의 비율 또한 1980년대 75%에서 2010년대 20%로 급감하였다. 심지어 2010년대 이후로는 '20대 80의 사회'나 '88만 원 세대'라는 말이 하나의 상식처럼 우리 사회에서 통용되기 시작했다.

IMF 사태 이후 불어닥친 신자유주의 광풍은 더 이상 보수가 약속한 성장과 발전의 단계를 믿지 않는 80%의 유권자들과 88만 원이라는 임금에 절망한 청년 세대를 만들어냈다. 그리고 이들은 수도권 각지에서 거주하며 부자들에게 중과세하여 복지를 증진하겠다는 민주당의 가장 단단하고 강력한 지지자가 된다. 그 결과 2024년 현재 시점 보수는 IMF 이후 신자유주의 광풍의 시대에서 승자로 살아남은 상위 20% 중에서도 소위 강남좌파를 제외한 일부와 강력한 반공의식을 지닌 65세 이상의 전통지지층을 제외한 모든 연령층과 계층으로부터 지지를 받지 못하게 되었다.

IMF 사태 이후 지독한 저성장의 시대를 마주치며 서민 경제와 골목 경제는 날로 악화해 가고 있기에 성장과 발전이라는 보수의 약속을 믿는 국민들이 점점 사라져 가고 있는 것이다. 지지층 감소 문제의 해결을 위해 보수도 복지를 강화해야 한다는 이른바 '따뜻한 보수'라는 개념 등이 나타나고 있으나 애초 복지라는 측면에서는 민주당 등 진보세력의 수준을 따라잡기 힘들다. 새로운 비전을 제시하지 못하고 그저 민주당과 진보세력을 따라 하기 급급하다.

과거 우리 국민은 민주당 등 진보세력에서 아무리 복지 강화를 외쳐도 보수정당에 표를 주었다. 우리 사회와 개인의 성장과 발전에 대한 믿음을 가지며, 스스로 노동하여 생계를 책임지고 미래를 설계하겠다는 보수의 자부심이 건재했기에 얻을 수 있었던 압도적 지지이다. 다시금 그러한 자부심을 국민에게 줄 수 있다면 보수정당은 충분히 재건될 수 있다. 고도성장의 부활을 위해 신성장 동력을 찾는 방법이 되었든 기성세대에 가로막혀 성장의 기회나 활로를 찾지 못하는 청년 세대들에게 활로를 뚫어주는 노동 개혁이 되었든 국민에게 성장과 발전에 대한 신뢰를 되찾아 줄 수 있어야 한다.

나는 금번 총선에서 내가 자란 인천 서구 구도심 지역에 출마하며 어린 시절과 거의 달라지지 않은 동네 모습에 큰 충격을 받았다. 과거 인천이 우리나라의 산업기지로 활용되던 시절 존재하던 영창악기 등의 큰 공장이 모두 사라졌고, 영세한 중소기업들과 가내수공업 형식의 작은 공장들만이 그 명맥을 잇고 있었다. 큰 공장들이 사라지다 보니 자영업자들의 처지는 나의 어린 시절보다 훨씬 나쁜 수준이었다. 지역을 오래 지배해온 민주당 지자체와 국회의원은 이러한 지역에 공공근로와 현금성 복지를 공급하였다. 나는 그러한 방법은 궁극적 해결책이 될 수 없다며 인천국제공항과 가깝고 서울과 가까운 지리적 특징을 이용하여 실현 가능한 수준의 중형 테마파크를 유치하고 재즈 페스티벌을 개최해 관광산업을 활성화하여 지역 경제를 살려내겠단 공약을 제시하였다. 크게 호응해 주는 지역 주민들도 있었지만 많은 분들이 이런 현실적이지 않은 공약보다 당장 삶에 도움을 줄 수 있는 복지정책을 제시해 달라는 요구를 했다. 우리나라 사람들이 더 이상 개발과 발전 그리고 성장의 약속을 믿지 않고 있음을 절실히 깨닫는 순간이었다.

우리나라 보수는 IMF 이후 승자독식의 신자유주의 철학 아래서 승자들의 편에서 안주하는 동안 시장에서 승자가 되지 못하고 내팽개쳐진 대부분의 유권자를 민주당 및 진보진영에 잃어왔다. 박정희 정부 이후 IMF 사태까지 보수의 최전성기에는 지금 기준으로 보면 평범한 서민들도 자신을 중산층이라 생각하며, 성장과 발전에 대한 확신을 지니고 근면하고 성실히 살기 위해 노력하였고, 이들 평범한 사람들이 보수 정파의 가장 강력한 지지세력이 되어주었다. 반드시 이들을 다시 되살려내야 한다. 만약 그렇게 하지 못한다면 종국적으로 우리나라에서 보수는 시장에서 승리한 20%만을 대변하는 소수 정치세력으로 남게 될 것이다.

보수가 추구해야 할 새로운 서사와 가치

〔기회의 사다리 복원〕

메소포타미아 수메르 점토판에도, 이집트 피라미드 내벽에도, 고대 그리스의 철학자 소크라테스가 남긴 글에도 "요즘 젊은 것들은…"이라는 말이 쓰여 있다고 한다. N포 세대로 대변되는 최근의 청년층에 대하여 기성세대들 역시 청년들이 근성이 없고 노력이 부족하여 중소기업이나 생산직에 취업하는 것을 꺼리고 결혼하지도 않는다고 비난한다. 그러나 이것은 기성세대가 살아온 시대와 오늘날 청년 세대가 살아가는 시대가 다름을 전혀 고려하지 않은 생각이다.

사교육이 없어도 공교육만으로 4당 5락의 자세로 열심히만 하면 원하는 학교에 진학할 수 있고, 꼭 대학을 나오지 않고 대기업에 취업하지 않아도 성실히 일하고 저축만 하면 내집마련을 할 수 있던 세대는 청년 세대의 좌절감을 이해하기 어렵다. 학교에서 가르치는 대로 열심히 공부한다고 원하는 학교에 진학할 수도 없고 원하는 학교에 진학한다 해서 원하는 직장에 취업하거나 원하는 직업을 가질 수도 없다. 원하는 직장에 취업하거나 원하는 직업을 가진다 하여 결혼을 하고 아이를 낳으며 내집마련을 하기도 어렵다. 애초 아이를 낳는다는 것이 일종의 사치재가 되어버린 세상에서 저출산은 정해진 결론으로 느껴질 지경이다.

그렇다고 청년 세대들이 평범히 취업하고 결혼하여 아이를 낳는 삶을 포기하였다 보긴 어렵다. 요즘 TV를 켜면 짝을 찾는 온갖 종류와 컨셉의 연애 리얼리티 프로그램이 화면을 수놓는다. 여전히 모두 평생 사랑할 사람을 찾는 내용의 드라마가 시청률 상위 순위를 싹쓸이한다. 대중가요의 가사도 온통 연애와 사랑에 대한 내용들이다. 그럼에도 매년 혼인율은 추락하고 출산율은 더욱 날개 없이 추락하고 있다. 도대체 이런 상황을 어떻게 이해해야 할까? 나는 청년층들이 후손을 잇겠다는 인간으로서 가장 기본적인 본능까지 포기하는 일종의 사회적 파업을 감행 중이라고 생각한다. 우리나라의 출산율은 오르락내리락하며 서서히 하락하는 추세였지만, 2017년 문재인 정부 이후 특히 가파르게 추락하고 있다. 학생 수를 기준으로 보았을 때 2005년생부터 2016년생까지는 등락의 폭은 있어도 40만 명대를 유지하다가 2017년생부터 급격히 감소하기 시작하여 2023년생은 23만 명으로 줄어든다. 문재인 정부 시기 가파른 부동산 가격 상승이 만든 결과라 해도 과언이 아니다.

"지방에는 먹이가 없고, 서울에는 둥지가 없다."

최근 청년 세대에서 광범위하게 퍼지는 말이다. 먹이와 둥지가 없는데 출산을 할 수 있을 리 없다. 혹자는 먹이와 둥지가 사라졌다는 이 현상을 해결하기 위해 지방으로 공공기관들을 이전하고 서울에는 임대 아파트를 지으면 출산율이 상승할 수 있을 것이라 말한다. 그러나 이는 눈에 보이는 증상에 임시 방편적으로 대응하는 대증적 요법에 불과하다. IMF 이후 30여 년간 지속되고 있는 장기 저성장 시대를 맞이하여 대부분의 서민 계층은 미래의 삶이 현재의 삶보다 나아질 것을 기대하지 못하고 있다. 백여 년 넘게 이어진 다음 세대는 이전 세대보다 나을 것이라는 믿음도 무너져 내렸다. 한마디로 대한민국 역사상 처음으로 자식 세대가 부모 세대보다 잘살지 못할 것이라고 생각하는 시대가 되었다. 이런 상황에서 일부 물질적 지원을 해준다고 해서 출산율이 상승하기 어렵다.

출산이 필수적이지 않다고 생각하다 보니 결혼을 해도 아이를 낳지 않는 딩크족이 늘어나고 아예 결혼을 선택하지 않는 비혼이 확산된다. 그리고 가족과 아이라는 전통적 가치를 위해 희생하기보다는 'YOLO'로 대표되는 '지금 당장의 행복한 삶'을 추구하는 개인주의가 유행하고 있다. 이런 과정에서 성실히 노동하고 발전해 나가자는 보수의 가치는 한물 지난 유행으로 다뤄질 수밖에 없으며, YOLO를 즐길 수 있는 수준의 달콤한 현금성 복지를 충실히 제공하는 진보진영의 정책들이 환영받게 된다.

다시 보수가 수도권과 청년층의 주류가 되려면, 비혼과 1인 가족 그리고 YOLO를 선택할 수밖에 없는 청년층이 주체적으로 성장하고 발전하길 원하도록 하는 유인을 제공할 수 있어야 한다. "해봐야 안 된다"는 좌절감을 해소할 수 있도록 공정하고 투명한 선발 과정이 포함된 사다리를 사회 곳곳에서 복구해 나가야 한다.

국민의힘은 이번 총선에서 근로자 재형저축의 부활을 공약으로 내세웠다. 근로자들이 내집마련을 하던 양대 수단이었던 재형저축은 높은 이자 수익이 보장되어 종잣돈이 없는 사회초년생에게

동아줄과도 같은 대표적 사다리였으나 1995년 폐지되었고, 2013년 박근혜 정부에서 잠시 부활하였다가 2016년 다시 없어졌다. 서민층이 중산층으로 도약할 기회를 마련해 주는 이러한 제도들을 다시 발굴하여 부활시키는 것은 기회의 사다리 복원의 첫 번째 단계라 할 수 있다. 이외에도 다양한 적성을 평가한다며 사교육에 의존할 수밖에 없었던 입시제도를 간소화하고 공교육에서 배운 내용만을 평가받도록 하여 교육의 사다리를 복원하는 것도 기회의 사다리 복원에 큰 도움을 줄 수 있다. 대·중소기업 간의 임금 격차를 줄이는 것과 정규직과 비정규직의 임금 격차를 줄이는 것, 창업한 지 얼마 안 되는 신규 및 영세 자영업자들의 부가세 징수를 유보 또는 폐지해 주는 것도 가능하다. 또 기회의 사다리 앞에 선 청년 세대나 신혼부부들에게 저금리의 금융상품이 집중적으로 지원될 수 있도록 해야 하며, 이들이 주로 투자하는 주식과 코인 등에 대한 금융투자소득세를 폐지 또는 유보하거나 최소한 불합리한 분리과세라도 통합과세로 변경시켜야 한다.

한편 기회의 사다리 복원 정책은 현금성 복지나 시혜성 복지를 기반으로 인위적인 격차 해소를 시도하는 것과는 차별화될 수 있어야 한다. 이를 위해 지속적으로 성실히 노력하고 발전하려는 청년들에게 단계적으로 더 많은 기회가 주어지도록 하는 인센티브제로 운영될 필요가 있다. 민주당이 주장하는 현금성 복지나 시혜성 복지는 소득이 전혀 없거나 아주 적은 소득이 있는 서민층에게는 유리할 수 있으나 조금이라도 성장하고자 하는 사람들의 성장과 발전 유인을 꺾는 제도이다. 이러한 제도로 인해 많은 흙수저 출신 서민층이 성장과 발전에 대한 희망을 포기하고 있다. 문재인 정부 내내 부부합산 소득으로 세전 7,000만 원만 되도 고소득자로 분류돼 각종 청년복지정책에서 소외되고 중과세에 시달려야했다. 그러나 서울 평균 아파트 가격이 10억 원을 넘어가는 상황에서 양가 부모의 도움 없이 부부합산 소득 세전 7,000만 원으로는 아무리 저축해도 집 한 채 마련하기도 어렵다. 바로 스스로 자수성가하려는 의지를 가진 청년들을 국가가 지원해 주는 방향으로 정책의 전환이 필요하다. 그리고 이러한 사례를 적극적으로 장려하여 현금성 시혜성 복지를 바라며 N포 세대로 살아가는 청년들의 성장 본능을 자극해야 한다.

실제 피부로 체감할 수 있는 구체적인 기회의 사다리를 파격적으로 제시할 수 있어야 인간 고유의 본능인 출산까지 포기할 정도로 절망에 빠진 청년 세대와 서민 계층에게서 다시금 지지받을 수 있을 것이다.

〔예측가능한 사회의 실현〕
모두를 깜짝 놀라게 할 범죄가 발생하는 경우 대부분의 국민은

두 번 놀란다. 한 번은 그 범죄의 잔혹성에 놀라고, 또 한 번은 그 범죄의 형량이 국민의 눈높이에 도무지 맞지 않음에 놀란다. 그리고 법 무용론을 이야기하며 정의를 실현하기 위해 국민이 원하는 수준의 처벌을 내릴 수 있는 히어로가 나타나길 꿈꾼다. 전국민적 인기를 모은 드라마 〈모범택시〉나 〈열혈사제〉는 이러한 영웅에 관한 이야기이다. 불법적인 방법을 활용하더라도 정의를 실현해 내는 주인공의 모습에 대중은 열광한다.

각자에게 정당한 그 몫을 주는 정의는 우리나라를 비롯한 모든 근대국가의 법이 실현하고자 하는 최종적인 가치이고 목표이다. 그런데 왜 사람들은 법이 실현되는 과정이 정의롭지 않다고 생각하는 것일까? 그것은 과거에 만들어진 법이 변한 현실에 맞지 않는 상황이 현실에서는 반복해서 나타날 수밖에 없기 때문이다. 이에 각 상황에 맞는 구체적 정의가 실현되기를 바라는 사람들이 많이 등장하게 된다.

그러나 법이 오직 구체적 정의만을 실현하기 위해 조변석개(朝變夕改)하는 순간 그 법이 만든 세상은 오히려 정의에서 멀어지게 되는 문제가 발생한다. "정의의 극치는 부정의의 극치"라는 말처럼 모든 사안에서 오직 구체적 정의만을 추구하려 보면 무질서가 초래되고 종국에는 법이 강력한 정치권력이나 민중권력의 시녀가 되는 사태가 발생하게 된다.

법의 구체적 정의가 극단적으로 추구되는 경우는 일반적으로 혁명이 발생할 때 두드러진다. 한 사회의 응축된 갈등과 부정의가 한 번에 폭발하는 사회적 현상을 혁명이라 할 수 있는데, 초기의 순수했던 혁명의 열정은 이후 혁명을 이용하려는 권력자들과 당장 가시적인 성과를 보이기를 원하는 민중의 열기에 의해 변질되기 마련이다. 근대 시민사회를 개창했다는 평가를 받는 프랑스 대혁명도 예외는 아니어서 프랑스 대혁명이 과격화되는 시점인 1793년 이후 국민공회 시대에는 구체적 정의를 실현하려는 민중과 독재자 로베스피에르에 의해 콩코드광장 기요틴의 피가 마를 날이 없었다.

프랑스 대혁명 초기 지도부를 주도했던 부르주아 시민계급은 귀족계급들과 마찬가지로 반바지를 입었는데, 막상 혁명에 앞장선 노동자·농민 민중들은 긴 바지를 입었고 이러한 민중들을 '상퀼로트'라고 불렀다. 이들 상퀼로트들은 혁명의 주체였지만 혁명의 지도부에서 점차 소외되었다. 그런데 1792년 당시 35살의 청년 변호사였던 로베스피에르의 지도 아래 보통선거로 구성된 국민공회의 다수파가 되었다. 로베스피에르는 상퀼로트들의 열렬한 지지를 바탕으로 루소가 천명했던 동일성 민주주의 원리에 입각한 혁명 정부를 구성하였다. 국민공회는 1792년 소집되자마자 왕정을 폐지하고 공화정을 도입하였고, 1793년 국민공회 헌법을 반포하였다. 그리고 1793년 1월 21일 루이 16세를 콩코르드 광장에서 인민의 이름으로 단두대에서 처형했다. 로베스피에르는 혁명시기에는 공포가 덕이라고 생각하는 인물이었고, 반혁명 범죄자의 혐의가 있을 경우 변호사를 선임할 수 없게 했다. 반혁명 범죄에 대해서는 단심제로 재판을 진행하였다. 악명높은 혁명 검찰 푸키에 탱빌과 재판장인 에르망은 단 2년간 존재한 공포정치 기간 1만 7,000여 명의 파리 시민을 단두대의 이슬이 되게 하였고, 이러한 처형 현장에 반드시 참석했던 푸키에 탱빌은 "건물의 기와 같이 목이 떨어진다"는 증언을 남겼다.

앙시엥 레짐을 청산하고 근대를 창시한 시민혁명으로서 프랑스 대혁명이었기에 정의롭지 못한 구체제의 모순을 일거에 해결하기 위해 공포정치는 필요악이었다고 보는 시각도 있다. 그러나 혁명기 극단적인 구체적 정의 실현이 극단적인 무질서를 야기하고, 이로 인해 법이 권력자의 자의적 도구로 전락한 가장 단적인 예시로도 볼 수 있다. 실제 아직도 구체적 정의를 법적 안정성보다 강조하는 현존하는 인민민주주의 국가들은 정해진 법을 무시하고 최고 권력자의 전화 한 통으로 범죄자의 처형과 석방이 결정되는 사례가 비일비재하다. 법제사 연구가들은 스탈린 시대의 소련을 스탈린의 전화 한 통으로 법이 제정되고 개정된다 하여 '전화법 시대'라고 일컫는다.

법을 곧이곧대로 따르기보다, 절차적 정의를 다소 훼손하고 미리 정해진 법을 어기더라도 개별적 사안의 구체적 정의를 실현하고자 하는 행동은 사회의 거악을 일거에 해소하고 정의가 강물처럼 흐르는 세상이 당장 올 것 같은 환상을 주기 마련이다.

그러나 권력자의 자의적 판단에 따르던 인치가 넘쳐나던 세상을 질서가 유지되고 권력자들조차 눈치를 보게 만드는 세상으로 바꾼 것은 고리타분하고 때로는 부정의할 정도로 엄격한 법 준수를 기반으로 한 법치주의 덕분이다. 구체적 사안에서 정의롭지 못해 보이더라도 결국 인치가 아닌 법치가 사회적 약자들과 민중들에게 가장 도움이 될 수 있다. 법이 추구하고자 하는 목표로서 정의와 같은 수준으로 질서의 유지를 위한 법적 안정성이 강조되는 것도 바로 그러한 이유다.

민주당은 문재인 정부와 제21대 180석 절대다수 의석을 기반으로 이러한 법치주의 자체를 뒤흔드는 입법을 계속해서 이어왔다. 아무런 준비 없이 180석의 힘으로 추진된 주택임대차보호법 개정안은 안정적이었던 전세가마저 폭등시켜 최근 전세사기 사태의 실질적 원인이 되었고, 역시 경찰의 충분한 수사능력 향상 전에 선동으로 추진한 검수완박 개정은 치안을 극도로 약화하는 결과를 초래하였다. '고려공사삼일'이라는 말에 걸맞는 민주당의 입법독재는 예측가능하고 안정적인 사회를 소구하는 국민에게 지지를 받지 못하고 있다. 그러나 당장 거악 척결을 바라고 구체적 정의가 즉시 실현되기를 바라는 사람들로부터 열렬한 지지를 받고 있다.

보수 정치세력은 민주당의 약속이 거짓이며 얼마나 최악의 결과를 야기할 수 있는지 참을성을 가지고 꾸준히 알려야 한다. 그렇지 않다면 민주당의 선동이 모든 문제를 단칼에 해결할 수 있을 것이라 믿는 사람들의 마음을 되돌릴 수 없다. 물론 민주당은 계속해서 더 선정적인 선동으로 맞서려 하겠지만, 그러한 선동의 결정적 약점을 어려운 학술적 언어가 아닌 5,000만 국민의 언어로 지적해 나가야 한다.

예컨대 어떤 사건이든 특검만 하면 모든 사실이 밝혀질 수 있다고 선동하는 민주당에 맞서 그것이 얼마나 무용한지 진지하게 설명하기보다는 특검이 사실은 검사 출신의 변호사이며, 민주당이 주장하는 특검은 친민주당 검사 출신 변호사임을 알리는 것이 효과적이다. 이에 더해 검사는 수사해서 안 되지만 민주당과 가까운 검사 출신 변호사는 수사해도 된다는 민주당의 모순적 태도가 얼마나 황당한 것인지 지속적으로 이야기하는 것이 좋다. 생계를 위해 바쁜 일상을 보내야 하는 사람들은 단 몇 글자의 선동에 넘어가기 쉽다. '특별검사'의 '특별'이란 단어가 주는 강렬함에 빠지는 사람들에게 그것이 별로 특별하지 않다는 이야기를 학술적으로 지루하게 설명하는 것은 아무런 설득력이 없다. 오히려 평소 검수완박을 주장하는 민주당이 왜 특별검사만 검사가 수사하게 하자는 것인지를 촌철살인으로 짚어주는 것이 선동에 맞서는 효과적 방법이다.

독재를 지향하는 인민민주주의자들은 세계를 선악의 단순한 이분법으로 나눠서 바라보도록 선동하고, 악한 세력을 벌하기 위해 자신들에게 독재자의 비상적 대권을 부여해달라고 요구한다. 이러한 세력에 맞서 시스템에 기반한 법치를 지키기 위해서는 이들의 선동을 냉정하고 깊이 분석하되 이를 한 번에 무너뜨릴 간명한 용어와 사례로 반박할 수 있어야 한다. 그동안 우리나라의 보수는 대파 핀까지 활용하며 조롱과 희화화 및 선동에 최적화된 상대 진영에 비해 너무도 엄숙하고 진지하게 대응해 왔다. 한없이 무거운 법치주의라는 가치를 지켜내기 위해 역설적으로 우리는 깃털처럼 가벼워져야 한다.

〔평범이 평범해지는 사회〕

일본 만화 〈짱구는 못말려〉는 평범한 가정에서 성장하는 평범한 어린이 짱구의 일상 이야기를 담은 이야기로 우리나라와 일본 등에서 공전의 히트를 쳤다. 안정적인 직장에 출퇴근하는 아버지, 능숙히 가사와 육아를 전담하는 전업주부 어머니, 그런 부모 밑에서 천방지축으로 자라는 짱구와 짱아, 그리고 애완견 흰둥이까지

딱 평범한 사람들의 평범한 이야기이다. 이 만화에서 가장 평범하지 않은 인물은 항상 엉뚱한 생각과 행동을 하는 주인공 짱구 정도이다. 짱구의 부모님, 짱구의 동생, 짱구의 유치원 선생님, 짱구의 친구들 모두 평범하다.

한동안 우리 사회에서 짱구네 가족과 같은 삶이 하나의 표준처럼 여겨졌다. 대학을 가야 할 나이, 남성의 경우 군대를 가야 할 나이, 혼인을 해야 할 나이 등이 마치 정해져 있는 것처럼 여겨졌고 조금만 늦어지면 사회적 압력이 가해졌다. 남녀 성 역할도 수십 년 동안 답답할 정도로 고정되어 있었다. 평범함을 넘어서는 일탈을 희망하는 것이 사회적 유행이 된 적도 있다. 예컨대 1997년 유행한 자우림의 〈일탈〉이란 노래는 지루한 하루를 묘사하는 가사로 시작하여 번지점프나 스트립쇼를 꿈꾸는 것으로 끝이 난다. 30여 년 전 우리 사회는 다람쥐 쳇바퀴라는 말로 대표되는 평범한 삶에서 벗어나고 싶은 욕구로 가득했다.

30여 년 전 이토록 지루했던 평범함이 더 이상 평범한 것이 아닌 세상이 되고 있다. 대부분의 청년은 '매일 똑같이 굴러가는 하루'를 경험하게 할 직장을 가지고 있지 못하다. 일자리 플랫폼에서 구하는 초단기 프리랜서 업무를 하다 보면 매일 똑같다는 생각을 할 여유조차 없다. 짱구네 가족처럼 아이가 초등학교에 입학하기도 전에 2층짜리 양옥집을 구매하는 것은 상상할 수도 없는 일이다. 아니 애초 결혼도 쉽지 않고 출산은 더더욱 쉽지 않다. 요즘 청년들은 자조적으로 "평범하기가 가장 어렵다"고 말한다.

평범한 삶이 희소해지고 어려워진 것이 지독히도 오래 지속되는 저성장 때문인지, 아니면 문화가 변했기 때문인지 논란의 여지는 있다. 다만 민주당은 지금까지 평범한 삶을 무너뜨리는 방향으로 정치를 해왔음은 논란의 여지가 없다. 우선 경제적으로 김대중, 노무현, 문재인 세 번의 민주당 정부에서 아파트 가격은 모두 크게 상승하였다. 김영삼, 이명박, 박근혜의 세 번의 보수 정부의 가격 안정세와 가장 크게 비교되는 지점이다.

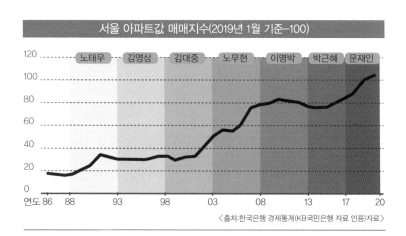

서울 아파트값 매매지수(2019년 1월 기준-100)

〈출처:한국은행 경제통계(KB국민은행 자료 인용)자료〉

IMF 극복 과정에서 아파트 가격이 상승한 김대중 정부를 제외하면 민주당 정부에서 아파트 가격 상승은 모두 민주당의 규제 일변도 정책에서 기인하였다. 이렇게 상승된 아파트 가격은 평범한 남녀가 결혼하여 1주택 한 채도 마련하기 어렵게 하였고, 평범한 삶의 물적 토대를 완전히 무너뜨렸다.

민주당은 문화적인 면에 있어서도 평범한 삶을 붕괴시키는 수준을 넘어 적대시하는 법과 정책을 실현해 왔다. 민주당과 진보진영에 가까운 문화권력이 지배 중인 최근의 영화, 드라마, 소설 등에서 불륜은 자연적 본능에 부합하는 것처럼 다뤄졌고, 평범한 법률혼 중심 가족제도는 비현실적이고 시대착오적인 것으로 여겨졌다. 성실한 가장의 삶을 살아가려는 사람을 권위주의적이라 비난하고 일탈을 장려했다. 조직화 된 소수의 목소리를 적극적으로 대변하는 반면 조직화 되지 않은 소수의 목소리는 철저히 무시하고 기존의 전통을 고수하려는 태도는 '꼰대'라고 희화화하며 조롱했다. 책임 없는 쾌락과 자유를 무분별하게 권하는 과정에서 자치적으로 질서를 유지하던 권위는 모두 추락시켰다.

이러한 과정으로 인한 폐해가 가장 심각하게 발생한 곳은 학교였다. 교사 전체를 악마화하고 극단적 이상론에 따라 비현실적으로 학생의 인권만을 극대화한 결과, 2024년 현재 학교는 완전히 붕괴되었다. 학생을 지도하는 교사가 가져야 하는 기본적인 권위 자체를 악마화하고 부정한 뒤 학생 인권 감수성만 극대화시킨 결과 교사의 정당한 생활지도는 모두 무력화되었다. 오히려 평범히 교사가 교사의 역할을 다했으면 보호받았어야 할 평범한 아이들의 인권이 약화되고, 금쪽이와 일진의 인권만 과다하게 보호되는 결과로 이어지고 있다.

1987년 이상문학상 대상을 받은 이문열 작가의 《우리들의 일그러진 영웅》에는 전형적인 학교폭력으로 아이들 위에 군림하는 엄석대라는 인물이 나온다. 엄석대 왕국의 위용은 대단하여 전학을 와서 그나마 저항하던 한병태마저 그에게 굴복하게 만든다. 엄석대의 왕국이 무너진 것은 엄석대의 학교폭력을 방조하던 최 선생에서 김 선생으로 담임 선생님이 바뀌게 된 다음이다. 김 선생은 우선 엄석대를 체벌하여 엄석대의 잘못을 자백하게 한 뒤 학급의 아이들에게 엄석대의 잘못을 하나씩 공개적으로 이야기하도록 했다. 결국 엄석대는 학교를 그만두고 학교 앞에서 아이들을 괴롭혔지만 김 선생의 격려를 받은 아이들은 엄석대의 폭력에서부터 완전히 벗어나게 된다.

36년 전 국내 유수 문학상 대상까지 받은 이야기가 2024년 교실에서 펼쳐졌다면 전혀 다른 결말로 끝났을 것이다. 일단 엄석대나 그 학부모는 체벌을 가한 김 선생을 아동학대죄로 경찰에 고소할 것이다. 그렇다면 김 선생은 피의자의 신분으로 경찰서를 드나들고 기소라도 당하면 형사법정을 드나들었을 것이다. 피해 학생들이야 형사미성년자라서 형사처벌 대상이 아니라 하지만, 엄석대의 학교폭력 가해 사실을 알린 학부모는 엄석대와 그 부모로부터 사실적시 명예훼손으로 고소당하고 학교폭력 가해 사실을 알린 것이 '오로지 공공의 이익'을 위해서 한 것임을 입증하여야 겨우 무죄를 받을 수 있을 것이다.

엄석대의 피해 학생들은 학교 측에 학교폭력으로 신고할 수밖에 없을 것인데, 학교 측에 학교폭력으로 신고하면 이를 조사하는 생활안전부장 선생님은 엄석대와 그 학부모로부터 역시 아동학대로 고소당할 수 있다. 선생님들에게 학교폭력에 대한 초동대처와 조사 책임만 부여한 현행 법 제도에서 조금이라도 강압적인 방법으로 조사를 하면 아동학대 혐의가 생기고, 사과문이라도 엄석대에게 쓰게 하면 역시 아동학대범으로 처벌당한다. 학교폭력을 담당하는 생활안전부장 선생님이나 담임인 김 선생이 이 사안을 학교폭력 사건으로 교육청 학교폭력대책심의위에 회부하면 엄석대와 그 학부모는 생활안전부장 선생님이나 담임인 김 선생을 무고죄로 고소한다.

최종적으로 체벌을 한 김 선생은 아동학대범으로 형사처벌을 당하고, 학교폭력 사과문을 쓰게 하고 엄격히 해당 사안을 조사한 생활안전부장 선생님 역시 아동학대범으로 형사처벌을 당한다. 엄석대의 학교폭력 사실을 알린 학부모 중에 '오로지 공공의 이익'으로 그 사실을 알리지 못한 학부모들은 사실적시 명예훼손으로 형사처벌을 당한다. 반면 교육청 학교폭력대책심의위의 처분을 받은 엄석대는 이에 대해 집행정지를 하고, 불복소송을 충분히 끄는 방법으로 아무런 처분도 받지 않고 상급학교로 당당히 진학한다. 피해학생들은 엄석대를 피하기 위해 전학을 가거나 자퇴를 하고, 담임인 김 선생과 생활안전부장 선생님의 무고 혐의는 충분한 경찰 수사를 받은 뒤에야 비로소 무혐의로 풀려날 수 있다.

이처럼 평범함이 사라진 학교는 앙상하고 삭막한 법적 분쟁만이 남아 더 이상 학교로서의 기능을 하지 못하게 된다. 우리 사회의 평범함을 그저 악마화의 방법으로 해체한 결과는 비단 학교에서 그치지 않는다. 이 와중에도 민주당은 자신들의 잘못을 인정하기보다는 새롭게 조직화 된 소수를 대변하느라 바쁘다.

보수는 일종의 역발상으로 민주당에 의해 과다 대표된 조직화 된 소수에 소외된 평범한 사람들을 대변하는 방향으로 나아갈 필요가 있다. 더 이상 평범하지 않게 된 평범한 사람들을 위한 정치를 하는 것이다. 평범히 학창시절을 보내고, 평범히 공부하며, 평범히 취업하여 노동하고, 평범히 세금을 내며, 평범히 결혼하고,

평범히 출산하며, 평범히 육아하는 평범한 사람들을 제대로 대변해 줄 정치세력이 없다. 보수가 이들을 위한 정치를 한다면 잃었던 지지의 대부분을 되찾을 수 있을 것이다. 최근 국민의힘이 다수를 차지하는 지방의회들에서 민주당이 주도해서 만든 학생인권조례를 하나씩 폐기하고 있다. 겉으로는 반대한다고 외치는 교사단체들도 있지만 강하게 반발하지는 못하고 있다. 학생의 인권이 과다하게 강조되고 보호되는 동안 평범한 교사의 교육활동이 심대하게 침해되고 있었기 때문이다. 이념적으로 접근하고 다투기보다는 평범한 사람들의 평범한 소망을 소박하게 실현해 내는 정치를 하여 평범한 사람들의 지지를 받을 때 보수의 재집권이 가능해질 것이다.

〔애국심과 동료애 등 전통적 가치의 현대적 부활〕

대다수의 미국 할리우드 영화들은 미국의 전통적 가치들을 담고 있다. 영화 〈라이언 일병 구하기〉에서 다양한 인종의 군인들과 함께 라이언 일병이 1분 이상 성조기 앞에서 경례하는 마지막 장면은 이러한 특성을 단적으로 보여준다. 자유를 최우선으로 강조하는 듯해도 애국심과 가족주의 그리고 동료애와 같은 미국이라는 나라를 유지시킬 전통적 가치는 단 한 번도 미국 사회에서 폐기된 적 없다. 비교적 리버럴한 미국 민주당마저도 안보와 국익이라는 측면에서는 보수적인 공화당과 항상 뜻을 같이해 왔다. 최초의 흑인 대통령 오바마는 9·11 테러의 주범인 오사마 빈 라덴 살해 작전을 성공시켰고, 바이든은 미국의 가치를 지키는 세계 경찰로서 미국의 역할을 강화하고 있다. 케네디는 지금도 회자되는 "당신의 나라가 당신을 위해 무엇을 할 수 있는지 묻지 말고, 당신이 당신의 나라를 위해 무엇을 할 수 있는지 물어보아야 합니다"라는 취임 연설을 하였다. 모두 미국 민주당의 대통령들이다.

반면 우리는 보수세력과 진보세력 모두 대한민국 이전 조선왕조 500년간의 지배 이데올로기인 사대주의의 잔재인지 그저 외세에 맹종하는 모습을 보여왔다. 진보가 구소련과 중국 그리고 북한에 맹종하는 모습을 보였다면 보수는 미국과 일본에 맹종하는 모습을 보였다. 세계에서도 가장 가난한 후진국이었던 나라를 근대화하는 과정에서 발전 모델이 될 나라가 분명히 필요했을 것이기 때문으로 보이지만, 선진국이 된 대한민국에서 태어나고 자란 청년층에게는 탐탁지 않게 보일 태도임은 분명하다. 기성세대의 보수와 진보는 미세먼지에 분노하는 청년들을 반중으로, 독도와 라인 사태에 분노하는 청년들을 반일로 포섭하고 싶어 한다. 그러나 이는 어디까지나 반쪽짜리 지지만을 소구하는 태도라 할 수 있다. 최소한 우리나라가 선진국이 된 다음에 성장하거나 청년 시대를 보낸 X세대 이후 세대는 우리나라가 선진국답게 당당히 할 말은 하고 세계를 선도하는 국가가 될 수 있기를 바란다. 대한민국이라는 나라의 일원임에 대해 자부심을 가질 수 있는 정부를 바란다. 그러한 자부심을 줄 수 있는 정치세력이 그들의 지지를 받을 수 있을 것이다. "야외에서 고등어를 굽기 때문에 미세먼지가 증가했다"는 말이나 "후쿠시마 오염수는 해류 상 우리나라에 아무 위험이 없을 것이라는 말" 모두에 분노했던 이유는 단지 이들이 반중이나 반일이어서가 아니라 중국과 일본에 할 말을 못 하는 상황에 분노했기 때문이다.

이러한 점을 정확히 포착하여 청년층에게 소구할 수 있는 현대적 의미의 애국심을 부활시킬 수 있어야 한다. 미국은 자국민이 한 명이라도 납치되거나 피해를 입게 되면 이에 대해 어떻게든 구해내거나 보복한다는 신뢰를 국민에게 주고 있고, 그것이 다인종·다문화 국가임에도 미국이라는 나라의 국민이라는 정체성과 애국심을 자아낸다. 이명박 정부 시절 아덴만의 여명 작전에 전 국민이 열광하고 그때의 주역들인 청해부대, 이국종 교수, 석해균 선장 등이 지금도 회자되는 것을 보아도 알 수 있다. 보수 정치세력은 진보좌파들에 의해 '애국보수충' 따위로 희화화되는 애국심을 현대적으로 되살려낼 수 있어야 한다. 또 이를 위해 국민이 기꺼이 사랑할 수 있고 자부심을 가질 수 있는 국가와 정부의 모습을 만들어 가야 한다. 개도국 시절 이전의 사대주의적이고 굴종주의적 사고에서 벗어나 미국이든 중국이든 일본이든 러시아든 누구에게든 할 말은 하고 요구할 것은 하는 당당한 모습을 보여야 한다. 국익을 위해 다소의 양보가 있다면 이에 상응하는 이익을 반드시 확보해 낼 수 있어야 한다. 군대의 정훈장교가 하듯 주입식으로 애국심을 강요하는 오히려 역효과만 자아낼 뿐이다. 보수가 지키고자 하는 애국심이라는 전통적 가치를 놓쳐서는 안 되지만, 청년층에게 소구할 수 있도록 현대적으로 부활시킬 수 있어야 한다.

가족애 역시 마찬가지이다. 민주당 등 진보세력들은 수십 년간 전통적 가족제도를 가부장적 제도라 칭하며 구시대적 악습처럼 취급해 왔다. 다양한 형태의 가족이 존재함을 역설하며 전통적 가족은 특히 여성의 자기결정권을 침해하는 것임을 강조하였다. 그 결과 전통적 형태의 법률혼 가족이 소수가 되고 비혼 1인 가족이 다수가 되는 상황이 펼쳐지고 있다. 출산율의 문제는 국가적 재앙이 되고 있다 보니 민주당 등 진보세력은 프랑스의 팍스, 스웨덴의 삼보와 같은 대안 가족제도의 도입과 팍스나 삼보와 같은 제도 아래서 태어났다가 부모가 쉽게 결별하여 남겨진 아이는 기관에서 국가에 의해 길러지도록 하는 전면적 무상보육을 주장하고 있다. 과거 가족제도 아래에서 해결되던 많은 것들을 국가가 부담하도록 함으로써 국민들이 더욱 국가에 의존하도록 하는 이러한 제도가 부모로부터 아동이 정당히 양육 받을 권리를 얼마나 침해하는지 알려야 한다. 그리고 가족제도를 유지하는 것이 가족제도를 붕괴시키고 국가에 의존시키는 것보다 사회의 유지와 안정적 발전과 개인 삶의 안정과 발전에 얼마나 도움이 되는지 알려야 한다. 법률혼을 통해 아이를 낳고 가정을 꾸려가는 사람들에 대해 실질적인 혜택을 부여함으로써 가족애가 현대적으로 부활할 수 있는 방안을 제시해야 한다. 미혼부와 미혼모, 조손가정 등 다양한 형태의 가족이 차별받지 않도록 하는 것은 필요하지만, 이를 넘어 법률혼을 선택한 여성과 법률혼에서 태어난 아이를 '흉자'니 '한남유충'이니 이야기하며 조롱하고 비웃는 문화를 배격해야 한다.

우리가 살아가고 있는 근대는 개인주의와 함께 등장하였다. 중세 사회의 극단적 공동체주의를 극복하고 한 사람이 하나의 개인으로서 인권을 존중받기 시작한 것이다. 심지어 애덤 스미스는 중세 시대 철저히 배격된 인간의 이기심을 시장경제질서의 핵심적 동력으로 보기도 했다. 그러나 애덤 스미스조차도 이기심은 사회·도덕적 한계에서 발휘되어야 하고 국가는 공공선에 투자해야 한다고 서술하였다. 영국 보수주의의 아버지라 불리는 에드먼드 버크 역시 사회질서와 공공선을 강조했다. 한동훈이 국민의힘 비대위원장 수락 연설에서 언급한 '동료 시민'이라는 단어 역시 '공공선이라는 가치를 공유하는 동료애가 있는 시민들을 호명한 것이다. 이러한 동료애는 독립적이고 주체적인 개인들이 사회가 붕괴되지 않도록 기꺼이 연대하는 공감대에서부터 출발하는 것으로 근대적 개인주의와 분리될 수 없는 것이다. 주로 우리나라의 진보좌파진영에서 발견되는 극단주의자들의 생각과 달리 국가와 공동체가 존재하지 않는 한 개인의 자유와 인권은 유지될 수 없다. 진보가 맹목적이면서 모순적으로 추진하고 있는 공동체 우선주의에 맞서 보수는 개인주의와 조화를 이룰 수 있는 동료애를 새롭게 부활시켜야 한다. 그렇게 한다면 우리 사회의 빠른 근대화와 함께 너무 빨리 개인주의에 경도된 나머지 방황하고 있는 청년층에게 보다 매력적인 대안을 제시하는 정치세력으로 자리 잡을 수 있을 것이다.

지방 조직의 재건: 오세훈 VS 이재명 VS 한동훈

국민의힘은 금번 총선을 포함하여 수도권에서 4연패, 전국단위 선거에서 3연패를 하였다. 패배가 누적되면서 총선의 결정적 승부처인 수도권 지방 조직이 완전히 무너지게 되었고, 무너진 조직을 바람으로 대처하려다 보니 선거 때마다 새로운 인물을 수혈하기 급급했다. 그러나 탄탄한 조직이 없는 상태에서 바람만으로 선거를 치르는 것은 사실상 요행을 바라는 것에 불과하다. 금번 선거에서도 2월의 바람이 끝난 뒤 3월의 붕괴가 그토록 빨랐던 것은 잇따른 총선 패배로 조직이 붕괴되었기 때문이다. 이러한 조직을 되살릴 방법으로 2004년 이른바 오세훈법으로 폐지되었던 지구당 부활이 새로운 해결책으로 제시되며 격렬한 찬반논쟁이 펼쳐지고 있다. 지구당 부활은 지방조직 재건의 문제를 넘어 우리의 정당정치를 어떠한 방향으로 발전시킬 것이냐는 것과 관련된 논쟁이기에 더욱 그러하다.

① 오세훈의 포괄정당

오세훈 시장은 2004년 우리나라의 정치를 코페르니쿠스적으로 전환시킨 오세훈법을 만들었다. '오세훈법'이라 불리는 이 개정안들의 핵심은 돈정치를 추방하자는 것이었다. 당의 중앙당과 시도당을 약화시키고, 지구당은 완전히 폐지하며, 선거공영제를 강화하고, 후원금 제도를 약화시키며, 여론조사 경선방식 강화를 넘어 100%를 지향하는 오픈 프라이머리 제도를 추구한다.

우리나라 정당을 당원에 구애받지 않고 중앙당에 구애받지 않으며 국민들의 포괄적 의사를 따르도록 하는 포괄정당화를 추구한 이 개혁은 20년이 흐른 지금 한국 정치의 특징을 만들어 냈다. 과거 총재정치의 제왕적 지배구조가 정당에서 사라지고 여론조사에 기반한 경선, 그리고 민심의 동향에 민감하게 반응하는 정당들이 되게 하면서 결과적으로 첨예한 쟁점을 제외하고 양당의 정강과 정책을 비슷하게 만들었다. 제도권 정당의 포괄정당화가 이루어졌다.

반면 후원금 제도를 축소시키고 선거공영제를 강화하며 원외 정치인의 활동기반과 정치자금 마련을 원천 봉쇄해 명망가와 재력가, 전문직만 정치를 할 수 있게 하였고 지역별 정당 우위를 고착화시켰다. 그 결과 국민의힘은 영남과 강원, 강남에서 절대우위, 민주당은 강남 제외 수도권과 호남에서 절대우위를 가지게 되었다. 지구당 조직이 존재하지 않다 보니 현역의원이 없는 지역은 팬카페 등 팬덤 조직을 통해 정치활동을 이어갔고 팬덤 정치가 상시화되기 시작했다. 여론조사가 중시되며 다수 여론을 만드는 선동의 정치와 감성의 정치가 일상화됐다. 여론조사 시 역선택의 폐해 역시 꾸준히 제기되는 문제점이다. 20년간 이어진 오세훈식 정치실험은 확고한 장단점을 보여주며 이제 평가의 선상에 놓이고 있다.

② 이재명의 개딸 당원 중심 대중정당

대중정당이란 당원민주주의, 정당민주주의를 기반으로 당원으로 가입한 대중들이 당내 의사결정을 정하는 정당을 말한다. 중앙당과 지구당 체제, 그리고 중앙당 당대표 권한의 강화, 당원과 비당원의 확고한 지위 차이 등이 오픈프라이머리 방식의 포괄정당과 확실히 다르다.

이재명은 확고한 팬덤을 지닌 정치인이다. 그리고 그 팬덤을 당원으로 대거 입당시키는 조직화에도 성공했다. 이 당원들이 민주당의 의사결정을 장악하도록 당헌 당규를 고치고 있고 개딸들은 이재명과 혼연일체가 되어 이재명의 의지를 실현하고 이재명을 결사옹위하고 있다. 당원가입 등의 문화가 존재하지 않는 우리나라에서 팬덤으로 똘똘 뭉친 조직화된 소수가 당을 장악하는 것은 어려운 일이 아니다. 이미 통합진보당이 그러한 점을 보여주었고, 통합진보당 시즌 2가 당원민주주의라는 명분 하에 민주당에서 더 크게 일어나고 있는 것이다.

현재 민주당의 모습은 오세훈의 포괄정당화 개혁으로 잉태된 개딸이란 팬덤 세력이 과거 대중정당의 남은 제도를 타고 우리나라 양대 수권정당 중 하나인 민주당을 완전히 장악하는 과정을 보여준다 하겠다.

영리한 이재명은 당원민주주의 명분으로 헌법기관인 국회의장을 뽑는데도 당원이 관여토록 하려 하고 있다. 취약한 정당민주주의 시스템을 가진 나라이기에 일종의 작전 세력이 대기업 규모의 정당 하나를 통째로 좌지우지하게 된 것이다. 이번 민주당의 개딸 사태는 우리나라 정치 문화와 정당제도가 얼마나 전체주의적 시도에 취약한지 보여주는 대표적 사례이다.

이런 상황에서 개딸 당원 권한강화와 조직화를 위한 이재명 지구당 추진이 바로 제왕적 대표제를 위한 지구당 부활이라 할 수 있다. 오세훈은 지구당 부활론과 관련해 제왕적 대표 체제를 문제 삼으려 했다면 한동훈이 아니라 이재명의 이런 취지를 비판하여야 했다.

③ 한동훈의 생활정치로서의 대중정당

한동훈은 총선 때부터 정치개혁을 공약으로 내놓았다. 국회의원 특권 폐지와 국회의원 세비 인하, 국회 세종시 이전 등은 모두 국회의원 자리 자체의 매력을 감소시키려는 것이었다고 볼 수 있다.

지금까지 국회의원은 국민을 위한 봉사직이란 생각보다는 입신양명의 끝판왕으로 취급받아 왔다. 그렇기에 자리를 차지하고 무엇인가를 하려는 것보다 자리 그 자체가 목적인 사람들이 경쟁하는 정치가 지속적으로 이어졌다. 당선 가능성이 높은 지역구 공천을 위해 치열하게 경쟁하다 국회의원이 되기만 하면 의전을 누리고 웰빙하려는 모습이 바로 이런 이유에서였다.

한동훈은 이런 부분을 없애려 했고 정치에서 이루고자 하는 뜻이 있는 사람들이 정치를 하고 생활인들이 정치를 이어갈 수 있도록 하려 했다. 이를 위해 국민이 보기에 과도한 특권은 내려놓도록 하고, 선거에서 낙선한 청년 등 생활인들이 정치를 이어갈 수 있도록 지구당 부활과 원외 정치인 후원금 제도를 다시 가능토록 하는 대신 회계 감사 등을 빡세게 하는 개혁안을 들고나온 것이다.

이런 방식의 정치개혁이 이뤄진 대표적인 나라들이 바로 북유럽 국가들이다. 이들 국가에서는 돈이 없어도 정치를 할 수 있도록 공적인 정치자금제도가 투명하게 운영되도록 하되, 국회의원들이 도보나 지하철, 자전거로 출퇴근하는 것이 자연스러울 정도로 국회의원 개인이 얻을 수 있는 경제적 이익은 국민 평균 수준으로 줄이고 의전도 거의 철폐시켰다.

이런 방식으로 지구당에서 풀뿌리 생활밀착형 정치가 자리를 잡으면 정치인들이 인지도를 노리고 바람에 기대며 선동적이고 선정적인 주장을 하기보다는 오랜 기간 차분히 지역에서 기반을 닦으며 상식적인 주장을 이어가는 정치를 할 수 있다. 그리고 지구당에서 국민의 정치적 욕구가 소화되어 나가면서 자연스럽게 명망가 중심의 극단적 팬덤 정치와 팬덤이 정당 민주주의를 장악해 전체주의화되는 현상도 막아낼 수 있다.

지구당 부활론과 관련된 세 정치인의 견해를 살펴보면 크게 포괄정당과 대중정당의 방향으로 추구점을 나눌 수 있다. 물론 자신의 전체주의적 독재를 목표로 하는 이재명의 대중정당은 풀뿌리 생활정치를 목표로 하는 한동훈의 대중정당과 분명히 다른 점이 있다. 그러나 크게 보았을 때 포괄정당과 대중정당의 특징 두 가지는 모두 뚜렷한 장단점을 지니고 있다. 하지만 보수정치 세력의 기본적인 세포 단위 조직이 모두 붕괴된 현 상태에서 지역 조직을 생각한다면 오세훈식 포괄정당론은 너무 이상적인 것일 수 있다. 한동훈의 생활정치로서의 대중정당론 역시 국민들이 정당정치에 풀뿌리 단계에서 당원으로 충분히 참여할 때 효과를 기대할 수 있다는 점에서 아직 그 시도의 끝이 좋을지 알 수는 없다. 그러나 팬덤 전체주의, 지역별 기득권 정치세력 고착화로 가고 있는 우리나라 정치의 난맥상 해결을 위해서나 수도권 보수의 지방조직 재건을 위해 충분히 시도해 볼 만한 일이라 할 수 있다.

가슴 뛰는 꿈을 제시할 대중적 인물

영국 노동당이 1990년대 후반 제3의 길이라는 새로운 노선을 제시한 이후 보수당은 오랜 침체기에 빠져든다. 1997년부터 시작된 무려 13년간의 야당 생활의 종지부를 찍은 것은 40대 중반의 젊은 정치인 데이비드 캐머런에 의해서였다. 캐머런은 2001년 30대 중반의 나이에 처음으로 하원의원에 당선되었고, 그로부터 4년 뒤인 2005년 영국의 양대 정당 중 하나인 보수당의 당수가 되었다. 그는 뛰어난 연설 능력과 준수한 외무를 지니고 있었고, 이를 기

반으로 영국 국민에게 고리타분하게 여겨지던 보수당의 이미지를
완전히 바꿔 놓았다. 토니 블레어에서 고든 브라운으로 이어진 13
년간의 영국 노동당 정부가 2008년 금융위기를 제대로 극복하지
못했기 때문도 있지만, 젊고 매력적인 데이비드 캐머런은 대처 이
후 쇠락해 가던 보수당을 수권정당의 위치로 되돌려 놓았다. 비록
브렉시트 국민투표에 적절히 대처하지 못하고 임기를 마감하였지
만 젊고 매력적이며 대중적 인기가 높은 정치인을 앞장세우는 보
수당의 전략은 보리스 존슨 전 총리와 리사 수낙 현 총리까지 이
어지고 있다.

　텍스트보다 이미지가 강조되는 21세기에는 젊고 매력적이며 대
중적 인기가 높은 정치인을 보유한 정당이 수권정당이 되는 경향
이 전 세계적으로 나타나고 있다. 프랑스의 마크롱과 캐나다의 트
뤼도, 미국의 오바마 등이 대표적이다. 모두 정치적 경력은 다소
짧아도 40대에서 50대의 나이에 준수한 외모를 가지고 있으며,
TV 토론과 방송 연설에 능하다는 공통점이 있다.

　반면 우리나라의 정치인들은 양당 모두 여전히 60년대생 60대
들이 주축을 이루고 있다. 정치권 전체를 통틀어 70년대생 중에는
한동훈, 80년대생 중에는 이준석 정도만이 대선에 도전할 만한 전
국적인 인지도와 영향력을 가진 정치인으로 성장했을 뿐이다. 우

리 사회의 다른 분야들과 마찬가지로 86세대들은 30여 년간 정치권을 지배하며 후계 세대를 키우는 데 인색했다. 그나마 민주당과 진보진영에는 이재명과 조국이라는 대중적 인기를 가진 60년대생 정치인이 있지만 보수진영에서는 박근혜 이후 그런 정치인의 씨가 말라 버렸다. 결국 문재인 정부의 검찰총장을 영입해 오는 발상의 전환을 이루며 정권교체를 이뤄냈지만, 이재명과 조국에 맞설 다음 주자가 쉽게 떠오르진 않는다.

이재명은 전과 4범의 이력과 각종 사법 리스크에도 불구하고 현재 시점 차기 대선 후보 지지율 1위를 달리고 있고 팬카페 회원 수와 유튜브 구독자 수 등에서 상당한 대중적 인기를 보여주고 있다. 조국 역시 항소심에서 징역 2년 실형을 선고받는 사법 리스크가 있음에도 선거 한 달여 전에 창당한 조국혁신당의 득표율을 24.45%까지 끌어 올리며 확고한 대중적 인기를 증명하였다. 이재명과 조국의 인기는 모두 코어에 자발적인 팬덤 지지층을 두고 있다는 점에서 특징을 지니고 있는데, 현시점 보수 정치인으로 분류되는 정치인 중 이러한 팬덤 지지층을 지니고 있는 정치인은 한동훈과 이준석이 있다. 그나마 이준석은 특정 성별과 특정 세대에 팬덤이 한정되어 있다는 측면에서 이재명과 조국에 대비될 수준의 팬덤을 지닌 정치인은 한동훈이 유일하다 볼 수 있다.

2000년대에 접어들어 스마트폰이 대중화되고 유튜브가 대세로 자리 잡으며 짧은 문장과 단문 중심의 텍스트와 짧은 길이의 영상이 주된 정보 교류의 주된 매체가 되었다. 그 결과 옳고 그름에 대한 진지한 논쟁과 판단보다는 말초적이고 즉흥적인 흥미와 호오(好惡)가 새로운 판단 기준으로 자리 잡기 시작하였다. 이런 현상이 적절한가에 대한 평가는 별론으로 하고 선거의 의미도 크게 변화하기 시작하였다. 금번 선거의 대파 핀이나 대파 소품 등처럼 누적된 불만을 흥미로운 놀이로 승화시켜 바람을 불러일으키는 것도 가능해졌다. 이러한 놀이에 참여하는 사람들 누구도 대통령의 대파 발언이 가지고 있는 맥락과 진의에는 관심이 없다. 이러한 변화를 앞에 두고 엄숙하고 진지하게 설명하거나 억울하다고 호소해 봐야 조롱을 당하게 된다. 이러한 유권자의 새로운 양상과 수요에 반응할 수 있는 정치인만이 유권자들의 열광적 지지와 팬덤을 이끌어낼 수 있다.

문제는 80년대 시절 대중 선전·선동 전술 등에 대해 실전에서 익혀왔던 운동권 출신 정치인에 비해, 착실히 학과 공부를 하고 고시 등을 준비하며 정부기관 또는 기업에서 성실히 살아온 보수 정치인들은 이러한 변화한 대중의 수요에 대한 감응력이 현저히 떨어진다는 것에 있다. 그것이 보수 정치권의 60대 정치인 중에 이재명과 조국에 필적할 사람을 찾기 어려운 이유이다. 그렇다면 변한 시대에 걸맞은 대중적 인기가 있는 정치인을 길러내야 하는데 보수 정치권 역시 민주당 등 진보진영과 마찬가지로 그렇지 못하였다. 그저 청년 세대 참모를 고용하여 청년 세대가 좋아할 것이라 믿는 캠페인을 진행하면 지지를 끌어낼 수 있을 것이라 생각했지만, 콘텐츠의 홍수 시대에 인위적으로 만들어 낸 콘텐츠가 호응을 끌어내길 기대하는 것은 불가능에 가깝다.

결국 존재만으로 대중적 인기를 불러일으킬 수 있는 인물을 지켜내고 길러내야 다음 대선에서 이재명과 조국 등에 맞설 수 있을 것이다. 보수의 정체성을 잃지 않으며 사람들의 가슴을 뛰게 만들 수 있는 꿈을 간결하고 전달력 있는 언어로 제시할 수 있어야 하는데 그런 사람은 역동적이고 자유로운 놀이터에서만 발견할 수 있다. 내부총질이라는 단어와 연판장이라는 단체 행동으로 억누르고 견제하는 분위기에서는 결코 찾아낼 수도 없고 키워낼 수도 없다. 보수적 가치의 기본이 자유라는 측면에서 가장 보수적으로 가장 자유로운 당내 분위기를 만들어 내는 것이 무엇보다 중요한 이유이다. 과거 우리나라 보수정당의 전성기라 불렸던 2000년대 중후반만 해도 오세훈, 원희룡, 남경필, 정병국, 나경원 등 내로라하는 젊은 스타 정치인이 존재하였다. 젊은 보수 정치인들은 각종 공부 모임을 만들어 연구하고, 대학생들과도 스스럼없이 소통하고 교류하였다.

2004년 제17대 총선에서 열린우리당은 창당 몇 달 만에 과반 의석을 차지하는 대승을 거두었고, 한나라당은 121석을 차지하며 참패하였다. 노무현 전 대통령 탄핵에 대해 국민들은 탄핵을 주도한 한나라당과 민주당을 심판하였다. 총선 참패 이후 위기감을 느낀 한나라당은 박형준, 남경필, 정병국, 이성권, 김희정 등을 중심으로 새정치수요모임이라는 단체를 만들었다. 새정치수요모임은 대학생 아카데미를 개최하며 청년층과 어우러졌다. 효과는 금방 나타났다. 2008년 청년층의 전폭적인 지지를 받으며 이명박 정부가 탄생했고, 세월호 사건 후 치러진 2014년 지방선거와 2016년 총선까지 민주당에 결코 밀리지 않는 지지세를 유지하였다.

보수정당의 재집권을 위해서는 2000년대 중후반 시기의 활력을 다시 한번 되찾아야 한다. 젊고 매력적인 리더를 중심으로 젊은 세대가 주력으로 활동하며 당의 중견과 원로들이 적극적으로 이를 지원하고 무게 중심을 잡아나가야 한다. 그리고 청년 지지층들이 새로이 유입될 공간을 여러 곳 정당 내외부에 구축할 필요가 있다. 근래 들어 10대들의 보수화가 두드러진다. 그러나 이들이 20대가 되었을 때 자신의 생각을 유지하며 활동할 보수진영의 놀이터가 거의 존재하지 않는다. 반면 꾸준한 시민사회활동을 기반으로 이러한 놀이터를 충분히 만들어온 진보진영은 충분한 인프라를 지니고 있다. 10대 때 보수적 생각을 가졌던 이들도 20대에 진보가 만들어 놓은 단체에서 각종 사회참여나 봉사활동을 함께 하며 진보적 성향으로 변해가는 경우가 많다. 과거 2000년대 중반에 큰 효과를 보았던 대학생 아카데미나 보수적 학생단체나 조직을 부활시켜야 할 것이다.

이 모든 과제들을 이끌 인물이 한동훈일지는 아직 충분히 증명되지는 않았다. 그러나 적어도 금번 총선 선거운동 기간 중 2월의 열기와 에너지는 최근 10여 년 동안 침체의 길을 걸어온 보수가 겪어보지 못한 모습이었다. 보수에게 다시금 그런 역동성을 가져올 수 있는 매력적인 인물이 리더로 나설 때 보수 정부의 재집권이 실현될 수 있을 것이다.

2024.03.30. 인천 가정동 중앙시장 유세

에필로그

동료 시민에 대한 믿음으로
느닷없이 소환된 한 40대 가장의 회고

격전지 수도권에 출마한 영입인재들은 모두 고배를 마셨다. 특히 이수정 전 경기대 범죄심리학과 교수(수원정), 구자룡 변호사(양천갑) 등은 마지막까지 접전을 벌였으나 승기를 잡지 못했다.

이밖에도 박상수 변호사(인천서구갑), 강철호 전 현대로보틱스 대표이사(용인정), 전상범 전 의정부지법 부장판사(강북갑), 이상철 전 지상작전사령부 참모장(용인을), 이상규 한국청년임대주택협회회장(성북을), 한정민 삼성전자 DS부문 연구원(화성을), 김효은 전 EBSi 강사(오산), 양종아 한뼘클래식기획 대표(광주 북구을) 김윤식 전 시흥시장(시흥을), 호준석 대변인(구로갑)이 낙선했다.

_뉴시스, 2024.04.11.

2024년 1월 8일 인재영입으로 당에 입당하였다. 변협에서 했던 검수완박 반대가 이유일 줄 알았는데 나의 집에 찾아온 인재영입 위원은 내가 교육 인재라고 했다. 교육 분야에서는 그동안 정부 여당에 대한 비판도 많이 했는데 왜 나를 영입하려 하느냐 물으니, 변호사님이 그런 것들 다 알고 있지만, 변호사님이 원하는 해결책은 우리 당에서만 가능할 것이라는 말에 공감이 되어 영입에 응하였다.

그렇게 해서 만난 우리 당의 영입인재들은 대부분 내 또래였고 또 모두 자신의 분야에서 전문성을 길러왔으며 험지라 불리는 격전지 출마를 불사하였다. 대부분 나처럼 그곳 출신이거나 조금이라도 인연이 있는 격전지로의 출마를 자원했다. 당시 언론들은 앞다퉈 기사를 썼다. 여당은 영입인재들을 왜 다 험지로 내모는지 모르겠다는 류의 기사였다. 내게도 한동훈 비대위원장의 첫 영입 인재인데 왜 험지로 가느냐는 질문이 많았다. 지역에서도 꽤 많이 받은 질문이었다. 비례대표와 같은 선택지도 있지 않았느냐는 질문도 많이 들었다.

금번 우리 당 영입인재들은 비슷한 느낌이 있었다. 민주당과 진보정당 지지세가 강한 서민들이 거주하는 지역에서 태어났거나 자라서 국가와 사회가 준비해 준 교육의 사다리를 타고 각 분야에서 전문성을 다지며 사회 활동을 해오던 사람들이었다. 수유동 지역 인근 출신 전상범 전 부장판사나 구로 출신 호준석 전 기자 등이 그러했다. 그 분들도 그랬는지 모르겠지만 인천 서구 원도심 출신인 나는 그분들과 나의 정서가 비슷하다 느꼈다. 그 정서란 우리가 자란 동네의 아이들이 우리 때처럼 꿈을 가지고 성장하기를 바라는 것과 시혜성 복지에 기대지 않고 착실히 노력하면 노력한 만큼 발전하던 시대로의 복귀를 원하고 있음이다.

그래서인지 우리 당에서 이들 지역에 출마한 후보들의 공약들을 살피면 국가가 뭘 해주겠다는 복지성 공약이 아니라 우리가 자란 지역을 발전시켜 내고 아이들에게 교육을 통한 사다리를 회복시키겠다는 것이 많았다. 우리는 대부분 고도성장기의 우리나라가 길러냈고 한 세대 만에 자력으로 세상에 자리를 잡을 수 있었던 마지막 세대였으며 그 시대를 다시 부활시키는 꿈을 가지고 있었다. 그랬기에 다들 영입인재로서 프리미엄을 요구하지 않고 이제는 우리 당에게 험지가 되어버린 동네에 자원하여 출마할 수 있었다. 결과적으로 모두 지역민들의 선택을 받지 못하였다.

선거운동을 하며 마음이 무거워진 순간이 몇 번 있었다. 장사가 너무도 안되는 자영업자들의 고통은 명함을 돌리는 순간마다 느낄 수 있었는데 그 와중에 "민주당은 현금성 복지를 해주는데 국민의힘은 자기들끼리 해 먹느라 국민들에게 그런 것도 안 해준다"는 말을 들어야 했다. "지금 시장의 자영업자들의 70%가 가게를 내놨다"는 이야기를 들을 정도로 당장 먹고사는 것이 너무 힘들었고 민주당 정부가 마구 풀어주던 현금성 복지에는 너무나도 익숙해져 있었다.

현재 선거 결과를 분석하는 다양한 글들이 나오고 있다. 그러나 현장에서 몇 달간 7만 장 정도의 명함을 돌리며 느낀 우리의 선거 패인은 우리나라가 크게 변했다는 데 있었다. 여전히 우리의 전통적 지지층은 고전적 노동과 그에 기반한 성장과 발전을 이야기하지만, 그 수는 눈에 띄게 확연히 줄어들고 있다. 그에 비해 보편복지와 현금성 복지를 바라는 목소리는 점점 더 커져만 가고 있다. 앞으로는 보수 역시 계속해서 선거에서 패배하지 않기 위해서는 그러한 포퓰리즘 경쟁에 뛰어들 수밖에 없는 상황으로 내몰리게 될 것이다.

앞다퉈 당의 험지로 출마한 영입인재들의 선택을 보며 "세상에 정치가 그리 쉬운 줄 알았냐"는 조롱이 넘쳐나지만 언젠가 금번 우리 영입 인재 동기들의 무모할 정도의 절박한 도전과 처절한 사투의 의미가 이해될 날이 오기 바란다. 나는 우리 당이 서울에서 6석만 이길 수 있다는 뉴스가 나올 때 정치 투신을 결심했고 위의 뉴시스 기사에 나온 후보들 대부분도 그맘때 결심했다. 그리고 질 것을 각오하고 각자의 지역구에서 정말이지 치열하게 싸웠다. 너무 치열하게 후회 없이 싸웠더니 정말이지 하나도 아쉬움이 남지 않는다. 다만 이제부터 변하게 될 나라가 걱정될 뿐이다.

정치를 꿈꾸며 민주당이나 진보만 선택한다면 더 이상 수신이 필요 없어진 뉴노멀의 시대에 우리는 도대체 어떤 것을 아이들에게 가르쳐야 할까? 선거운동을 하던 중 어떤 중학생 아이는 내게 "전과 몇 개 있어도 대통령 후보도 할 수 있잖아요"라고 말했다. 우리 당의 흙수저 출신 전문가 영입인재들은 전멸시키며 범죄자, 부동산 투기세력, 전관예우, 성 상납 발언까지 기어코 국회로 보내는 과반이 넘는 국민들의 선택 앞에서 뉴노멀의 시대가 완전히 시작됐음을 체감한다.

우리는 과연 이토록 환상적으로 완벽히 다져진 듯한 뉴노멀을 되돌릴 수 있을까? 내가 사라진 뒤 이 땅에서 살아갈 아들을 생각하면 그것이 불가능해 보일지라도 해야만 하는 일이 되었다.

총선백서

초판 1쇄 인쇄 2024년 06월 10일
초판 1쇄 발행 2024년 06월 17일
지은이 박상수

펴낸이 김양수
책임편집 이정은
교정교열 연유나

펴낸곳 도서출판 맑은샘
출판등록 제2012-000035
주소 경기도 고양시 일산서구 중앙로 1456 서현프라자 604호
전화 031) 906-5006
팩스 031) 906-5079
홈페이지 www.booksam.kr
블로그 http://blog.naver.com/okbook1234
페이스북 facebook.com/booksam.kr
이메일 okbook1234@naver.com

ISBN 979-11-5778-649-7 (03340)

* 이 책은 저작권법에 의해 보호를 받는 저작물이므로 무단전재와 무단복제를 금지하며, 이 책 내용의 전부 또는 일부를 이용하려면 반드시 저작권자와 도서출판 맑은샘의 서면동의를 받아야 합니다.

* 책값은 뒤표지에 있습니다.

* 파손된 책은 구입처에서 교환해 드립니다.

* 이 도서의 판매 수익금 일부를 한국심장재단에 기부합니다.

맑은샘, 휴앤스토리 브랜드와 함께하는 출판사입니다.